Gaston DAVID

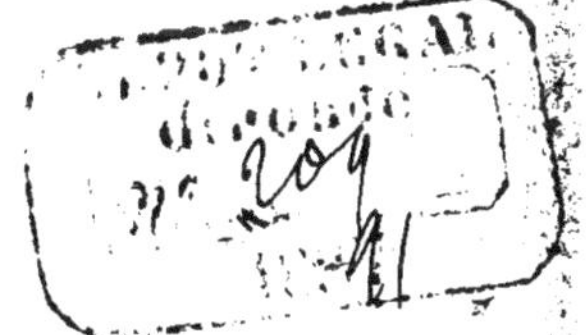

ÉLOGE D'ÉMILE BRIVES-CAZES

DISCOURS DE RÉCEPTION

A L'ACADÉMIE NATIONALE

DES SCIENCES, BELLES-LETTRES ET ARTS DE BORDEAUX

Prononcé en séance publique le 19 mars 1891

BORDEAUX
IMPRIMERIE G. GOUNOUILHOU
11, RUE GUIRAUDE, 11

1891

ÉLOGE

D'ÉMILE BRIVES-CAZES

Gaston DAVID

ÉLOGE
D'ÉMILE BRIVES-CAZES

DISCOURS DE RÉCEPTION

A L'ACADÉMIE NATIONALE

DES SCIENCES, BELLES-LETTRES ET ARTS DE BORDEAUX

Prononcé en séance publique le 19 mars 1891

BORDEAUX
IMPRIMERIE G. GOUNOUILHOU
11, RUE GUIRAUDE, 11

1891

ÉLOGE

D'ÉMILE BRIVES-CAZES

DISCOURS DE RÉCEPTION

A L'ACADÉMIE NATIONALE DES SCIENCES, BELLES-LETTRES ET ARTS DE BORDEAUX

MESSIEURS,

J'ai cru longtemps qu'il était dans ma destinée d'avoir pour épitaphe un jour — le plus tard qu'il plaira à Dieu — les deux vers, légèrement modifiés, qu'un lettré du siècle dernier écrivit pour lui-même :

> Ci-gît celui qui ne fut rien,
> *Surtout* académicien.

Je me trompais, et votre indulgence en a décidé autrement.

Déjà les Mainteneurs toulousains, gardiens fidèles depuis Clémence Isaure des traditions du Gai-Savoir, en me nommant Maître ès Jeux Floraux, avaient fait de moi un demi-académicien. Vous me faites ce soir académicien tout entier. C'est plus d'honneur que je n'en mérite.

Votre Compagnie, Messieurs, est, avec l'Académie des Jeux Floraux, la plus ancienne, la plus justement renommée des Sociétés littéraires du Midi de la France. J'ai la bonne fortune d'appartenir à l'une et à l'autre : permettez-moi de les rapprocher dans un même sentiment d'affection et de reconnaissance.

Bordeaux et Toulouse, capitales du Sud-Ouest, reines du bassin de la Garonne, sont deux sœurs, de physionomie diverse, mais non dissemblable, ainsi qu'il convient aux filles de la même mère. Comme les nymphes de Virgile, Clio et sa sœur Béroé, *Oceanides ambæ,* ne sont-elles pas toutes les deux filles de l'Océan, de cet Océan que nous appelons la Garonne? Le flux et le reflux de la grande mer océane vient battre nos quais, le rivage qui nous fait face porte le nom d'Entre-deux-Mers, il est donc permis de comparer la Garonne à l'Océan, sans être accusé de se laisser emporter par la poésie des imaginations méridionales. En tous cas, ce n'est pas ici, entre Gascons, que l'on me critiquera. Si, d'aventure, quelqu'un l'osait, je connais parmi vous tel chantre épique de la Garonne [1] qui est homme à prouver envers et contre tous, l'épée de Roland au poing, que la comparaison est tout entière à l'honneur de l'Océan.

Toulouse et Bordeaux s'abreuvent à cet Océan de la Garonne aux ondes rapides et tumultueuses. Les Romains, non sans quelque malice, appelaient ces eaux : fécondes en paroles, *verbigenæ.* Ils ont dit, remarquez-le, que les paroles étaient abondantes; ils n'ont pas dit qu'elles fussent menteuses. Nous pouvons en sûreté de conscience saluer à Toulouse le Capitole. Pourquoi Bordeaux, cette patrie d'Ausone, ne nous apparaîtrait-il pas comme une autre Ausonie?

(1) M. l'abbé Ferrand.

La terre bordelaise mérite bien d'être appelée *magna parens frugum, magna virum*. Dans le cercle des productions du sol, trésors de nos campagnes, les vins célèbres de la Gironde, rubis du Médoc, or de Sauternes, occupent le premier rang. Dans le concile des plus fiers génies, honneur de la race humaine, Montaigne et Montesquieu sont des cimes assez hautes pour ne redouter aucun voisinage.

Vous, Messieurs, dignes héritiers de ces grands noms, vous formez l'École d'Athènes de la riche province d'Aquitaine. Tous les arts sont représentés parmi vous : l'art qui parle et l'art qui écrit, l'art qui chante, peint, sculpte, grave, l'art qui guérit les corps et l'art qui sauve les âmes, l'art qui orne l'érudition la plus sûre et la science la plus précise de toutes les grâces ou de toutes les clartés de l'esprit.

Ici, plus que partout ailleurs, les Sciences sont devenues les auxiliaires des Lettres. Puisqu'il n'est point douteux que le physique influe sur le moral, en sauvant le vignoble français de tant d'ennemis contre lui conjurés, trois d'entre vous (1) ont rendu aux Lettres le plus signalé service. La sève généreuse des vins de France réjouit le cœur et donne des ailes à l'esprit : elle favorise l'essor de ces qualités de gaieté, de clarté, de vivacité légère, d'expansion cordiale, en tout temps l'apanage du génie de notre race. L'alcool corrosif trouble et enfièvre l'intelligence, la bière épaisse l'alourdit et l'obscurcit ; ils nous raviraient nos dons aimables. Avec l'agrément de boire le vrai vin de France, nos savants collègues assurent à nos descendants la jouissance d'œuvres

(1) MM. Millardet, Gayon, Dezeimeris.

charmantes. Non moins que les viticulteurs ou les gourmets, les amis des Lettres doivent une infinie reconnaissance aux maîtres de l'École de Bordeaux.

A toute École il faut des élèves : à ce titre je viens prendre place au milieu de vous. Sans doute je vous ai présenté un bagage de quelque poids : quinze ou vingt mille lignes rimées, sans compter la prose, cela peut à certains égards passer pour un titre académique. Mais est-ce vraiment un mérite d'écrire des vers? Le sens poétique est un don, peut-être une infirmité, de nature : *fiunt oratores, nascuntur poetæ.* Les meilleurs vers ne sont pas cherchés, mais trouvés; ils naissent en nous, malgré nous, presque à notre insu. Les anciens connaissaient bien ce souffle qui passe, apportant le rythme, l'image, la pensée. Ils le nommaient Muse. Nous l'appelons inspiration. Cela ne change pas sa nature. Ce n'est pas nous qui le créons : c'est lui qui vient à nous. Où est notre mérite, s'il nous choisit de préférence? Soyons reconnaissants, mais sans orgueil. Je n'ai jamais compris l'orgueil poétique, ni pourquoi on traite les poètes de race vaniteuse et irascible. Ce doit être un bruit que les prosateurs font courir. Je m'inscris en faux contre l'accusation.

Il y a peu de mérite à naître poète. Il y en a plus à devenir docte jurisconsulte et excellent historien comme le fut mon très regretté prédécesseur, Émile Brives-Cazes.

Durant de longues années vous l'avez connu et aimé. Si j'avais à désigner ceux d'entre vous qui furent ses amis, je devrais, je le pense, vous nommer tous. Je n'en citerai qu'un seul, parce qu'une des dernières pensées de Brives-Cazes nous a réunis dans un commun souvenir de fidèle affection. Mais ai-je besoin de prononcer son nom ? Si j'indique l'artiste [1], l'érudit, l'honnête homme, également impeccable, dont la main sûre a saisi et gravé pour la postérité, en des eaux-fortes magistrales, les vestiges de la Guyenne militaire et religieuse, qui ne reconnaîtra de qui j'entends parler ?

Je me sens soutenu par une sympathie unanime au moment où j'essaie de faire revivre une image qui vous est chère à tant de titres. Bordelais de naissance, Brives-Cazes l'était aussi de cœur. Il aimait passionnément Bordeaux, son histoire, ses illustrations, ses monuments, ses traditions, la beauté de son fleuve large comme le Bosphore, la douceur du ciel, la mollesse ionienne du climat, la grâce de ce caractère où la vivacité gasconne se tempère d'indolence créole. Il était fier de l'élégance de sa ville natale et se plaisait à en faire les honneurs. Il se réjouissait, comme d'une bonne fortune personnelle, de tout ce qui contribuait à sa gloire. Il souffrait, comme d'une blessure, de tout ce qui semblait porter atteinte à son prestige.

Qu'il s'agît des petites choses ou des grandes, cet amour était aussi vif, aussi sincère. J'ai vu notre ami vraiment attristé, confus, humilié, certain hiver où, contre toutes les traditions bordelaises, le froid et la neige, se prolongeant plusieurs jours, donnèrent à l'esplanade des Quinconces un vague aspect de paysage sibérien. Il s'indignait contre les vents d'est coupables de cette dérogation aux lois de la température girondine. On lui avait changé son Bordeaux. Il ne le reconnaissait plus. Même les charmes du

(1) M. Leo Drouyn.

patinage étaient impuissants à le consoler. Je vois encore son air de triomphe, son accent joyeux et son bon sourire quand le souffle subit d'une de ces belles bourrasques d'ouest, qu'il regardait comme un privilège providentiel de nos régions, vint fondre la glace et nous apporter du large l'air tiède et vivifiant de la haute mer, des landes voisines les effluves résineux des forêts de pins.

On a beaucoup discuté sur l'emplacement du paradis terrestre. J'imagine que ni les hauteurs du plateau de Pamir ni les plaines de la Mésopotamie n'eussent obtenu les suffrages de notre collègue. La Garonne et la Dordogne présentaient à ses yeux des titres bien autrement sérieux que le Tigre et l'Euphrate. Je me persuade que c'est dans l'Entre-deux-Mers, sous les ombrages de la Grande-Sauve, *sylva major,* qu'il eût placé les délices de l'Éden.

Ne sourions pas, Messieurs, de cet enthousiasme : c'est la faiblesse d'un grand cœur et l'une des meilleures choses de ce monde. L'amour indestructible du sol natal forme le plus solide fondement du patriotisme. Ce petit coin de terre, qui nous tient au cœur si fortement, est, entre tous, le symbole vivant de la grande patrie, l'image même de la France. Pour Brives-Cazes, la ville de Bordeaux où s'exerçaient ses devoirs de magistrat, les Archives de la Gironde témoins de ses patientes recherches, les grèves et les bois d'Arcachon qu'il se plaisait à parcourir aux vacances, furent, avec l'Académie, les grandes affections de sa vie. Ne nous étonnons pas si, étant bon Bordelais, il fut aussi bon Français.

Joseph-Jacques-Honoré-Émile Brives-Cazes naquit à Bordeaux le 12 juillet 1822, rue Arnaud-Miqueu, au cœur de la vieille cité. Il avait à peine six mois quand ses parents vinrent habiter, dans le quartier de la Cathédrale, la maison voisine de celle où devait s'écouler la plus grande partie de sa vie, où il est mort soixante-cinq ans plus tard, presque jour pour jour, le 20 juillet 1887. Son existence s'est ainsi déroulée tout entière à l'ombre de la tour de Pey-Berland. Exemple assez rare, en nos jours de goûts nomades et de déplacements inquiets, d'une longue vie qui s'éteint au foyer même où elle s'est allumée.

Sa famille, originaire du Quercy, appartenait à cette classe de la bourgeoisie, de fortune modeste, mais de haute culture morale, qui mieux qu'une autre peut-être a su conserver les traditions de nos pères. Il vécut dans un milieu élevé et grave. Sa mère, Mlle Dallas, d'une conscience délicate, d'un sens ferme et droit, d'une piété éclairée et pratique, lui donna l'exemple d'une vie austère et du dévouement à tous les devoirs. Elle le marqua de son empreinte. Par elle il apprit de bonne heure les fortes vertus : bonté, résignation, dévouement, sacrifice. Son père, homme bon mais faible, éprouvé par de graves revers de fortune, fut atteint avant le temps par la décadence de l'âge. Cette commune affliction resserra le lien entre la mère et le fils. L'affection filiale de Brives-Cazes devint une vénération et un culte. Une étroite amitié l'attachait aussi à sa sœur, personne aimable et distinguée, âme exquise, qui ne quitta pas le foyer de la famille et mourut jeune encore sans avoir été mariée. Il vécut ainsi dans la maison paternelle, entouré de ces chères tendresses, le vrai trésor de la vie. Lorsqu'elles nous sont dérobées, la raison même d'exister semblerait enlevée, si une espérance immortelle ne venait rappeler que l'épreuve est une loi divine, que le ciel explique la terre, et que les liens brisés seront renoués ailleurs.

Brives-Cazes tenait quotidiennement un journal des principaux événements de sa vie. Dans ces notes très brèves, qu'il appelait sa chronique personnelle, je lis, à l'époque de la mort de sa mère, les lignes suivantes qui, dès le seuil de ce discours, feront bien connaître son âme et ses sentiments : *Defunctus adhuc loquitur.*

« La fatale semaine! Samedi 28 octobre 1876 : L'état de ma mère s'est aggravé depuis les premiers froids; hier, j'ai dîné seul! Aujourd'hui, elle reste au lit. — Dimanche : Ce n'est plus que l'ombre d'elle si forte, si intelligente. Elle recule devant l'effort de la pensée. « Que je suis lasse! » me dit-elle. Elle a lutté jusqu'au bout et s'est alitée pour mourir. — Lundi : Elle reconnaît encore l'abbé Dulac, le vicaire. Après l'extrême-onction elle a dit, en me serrant les mains : « Mon pauvre fils! » Ses dernières paroles. Aucun adieu. Toujours forte, me ménageant les angoisses. — Mardi : Depuis hier soir l'agonie se continue sans incident; plus de manifestation de connaissance. Une voix unanime proclame sa belle âme, la supériorité de son intelligence, son grand cœur, son dévouement à ses amis. Elle meurt à onze heures moins vingt minutes. Me voilà seul désormais!... Que Dieu me garde! — Jeudi 2 novembre : Je conduis le deuil de ma mère jusqu'au caveau qui renferme ma sœur et mon père. Ma mère est à gauche, mon père et ma sœur à droite. Il ne reste plus qu'à m'y porter. »

Les jours suivants, il note : « Je suis étourdi du coup qui transforme ma vie. Quel changement! La multiplicité de mes devoirs de toutes sortes fait diversion à mon état. Le travail me soutient, les sympathies m'encouragent. Je prends possession du ménage, j'organise, je revois tout. Que c'est long! Je garde l'appartement, grâce à la bienveillance des Theulier. Je reste au milieu de mes chers souvenirs! » Mais une lumière s'est éteinte dans sa vie. Une ombre planera désormais sur ses joies. A un an de là, aux vacances 1877, il voyage; il visite des parents et des amis. Au retour, il écrit : « En somme, bonne excursion... beau temps continu... Malgré tout, je sens que je ne peux plus m'éloigner beaucoup de mes chers souvenirs. » Et, un an plus tard, quand il est nommé vice-président : « Qu'est-ce qu'une joie qui n'est pas partagée? »

De 1833 à 1840, Brives-Cazes fut élève du Lycée de Bordeaux, situé, à cette époque, tout près de l'habitation de ses parents, sur l'emplacement où l'un de nos collègues (1), dont nous portons le deuil, a élevé récemment le palais des Facultés des lettres et des sciences. Il rencontra là, dès l'enfance, quelques hommes de sa génération qui devaient à divers titres marquer leur place parmi les premiers de la cité : MM. Azam, Alauze, Adnet, Alexandre Léon, Loste, Gustave Labat. Occupant dans la classe un rang honorable, Brives-Cazes ne tenait pas la tête. Il n'était pas doué d'une grande facilité naturelle; mais il avait une extrême ténacité, le goût de l'étude, une volonté ferme de réussir. Ses aptitudes le portaient vers les sciences d'application : chimie, physique, histoire naturelle. Les succès qu'il obtint lui donnèrent un instant l'idée de se vouer au profes-

(1) M. Charles Durand.

sorat et de concourir pour l'École normale supérieure des sciences.

Il y renonça et dirigea ses efforts d'un tout autre côté. En 1841, ayant terminé ses études classiques, ou mieux ses humanités, selon l'heureuse expression d'autrefois qu'on a tort d'abandonner, après un court stage chez M. Troubat, avoué, ses parents l'envoyèrent à Paris pour faire son droit, notre ville n'étant pas alors le foyer universitaire qui brille aujourd'hui d'un si vif éclat.

En 1844, à vingt-deux ans, Brives-Cazes est reçu licencié en droit, et docteur deux ans plus tard, le 15 mai 1846. Il est intéressant de noter, par contraste avec l'usage actuel qui donne aux thèses de doctorat le développement d'un ouvrage de fond, que sa thèse latine a seulement douze pages, et sa thèse française, *De l'Administration du tuteur et de l'Émancipation,* vingt pages. Si la soutenance des thèses était aussi difficile, il faut convenir que leur rédaction était bien simplifiée.

L'année suivante (1847), au concours des docteurs de la Faculté de droit de Paris, Brives-Cazes obtint un succès éclatant. Il remporta la médaille d'or.

Le sujet proposé était : *Histoire et théorie des partages d'ascendants.* La commission d'examen se composait de cinq membres : MM. Oudot, Perreyve, Colmet-Daage, Roustain et Machelard, rapporteur. « Le premier prix, dit celui-ci, a été donné au mémoire dont l'auteur est M. Émile Brives-Cazes, de Bordeaux. Ce mémoire présente réunies de nombreuses qualités que nous n'avons rencontrées chez nul autre avec cet ensemble. Le plan, annoncé dès la première phrase, se déroule simplement et avec unité; il ressort de toutes les parties qui concourent harmonieusement à formuler le système général. Le style est correct et élégant, et sous cette forme agréable les idées sont saines et judicieuses. »

Après avoir cité les passages remarquables du mémoire, M. Machelard termine ainsi : « C'est surtout dans l'exposé de la théorie du droit actuel que M. Brives-Cazes procède avec fermeté et logique. Toute cette partie est traitée vigoureusement et de main de maître. Il n'est aucune des difficultés de la matière qui n'ait été examinée et résolue. Une étude attentive de la jurisprudence a permis au candidat de jeter une vive lumière sur toutes les questions que la pratique a soulevées. Toutes les discussions s'enchaînent dans un ordre harmonieux, grâce à l'habileté du plan et de la distribution. Enfin, si le système de l'auteur est bien conçu, l'exécution de l'œuvre est encore meilleure. Aussi ne pouvons-nous donner une idée de la sève, de l'élégance, du charme même qui animent le mémoire. Chacun le lira sans fatigue, avec plaisir, et reconnaîtra que M. Brives-Cazes a déployé autant d'art dans la forme qu'il a mis de conscience dans ses recherches. »

Je me suis plu à reproduire les éloges exceptionnels donnés à ce mémoire, parce qu'ils indiquent avec autorité, au début de la carrière de Brives-Cazes, quelles seront dans l'avenir les qualités de son œuvre. Clarté, précision, abondance et sûreté d'information, netteté méthodique d'un plan bien conçu et bien suivi, exacte division du sujet, simplicité élégante de la forme, tous ces mérites signalés dès la première heure par le savant professeur de Paris dans le travail du jeune étudiant, sont les mêmes qui distingueront plus tard les travaux du jurisconsulte et surtout de l'historien.

Cette médaille d'or demeura pour Brives-Cazes le plus précieux souvenir. Un premier succès est comme un premier amour : il reste entouré d'une auréole lumineuse. « Les feux de l'aurore ne sont pas si doux que les premiers regards de la gloire. » Cette pensée de Vauvenargues est la formule d'une vérité éternelle. Le cœur de l'homme n'oublie jamais ces premiers sourires de la fortune. Quarante ans plus tard, touchant au terme de sa vie, lorsque Brives-Cazes écrit son testament, et lègue à votre Académie, Messieurs, la fondation d'un prix de cinq cents francs destiné à encourager les études d'histoire locale, c'est la médaille d'or, « joie de sa jeunesse, » qu'il désigne pour en former le sceau.

Une forte instruction technique ne fut pas le seul avantage que Brives-Cazes rapporta de ce séjour à Paris. Attaché successivement, en qualité de secrétaire, au cabinet de deux avocats au Conseil d'État et à la Cour de cassation, Descamps et Dupont-White, il noua avec ce dernier d'affectueuses relations qui eurent sur son esprit une grande influence.

Intelligence vive, brillante, étendue, causeur plein de feu, philosophe, littérateur, historien et économiste plus encore que jurisconsulte, Dupont-White exerçait un charme puissant. C'était un semeur d'idées. M. de Laveleye a pu très justement l'appeler un précurseur : plusieurs des idées qui ont acquis droit de cité dans la science furent d'abord exprimées par lui. Homme d'étude, homme du monde et homme d'esprit, Dupont-White joignait la séduction d'un commerce agréable à celle d'une instruction variée et profonde qu'il se plaisait à répandre. Sans ambition personnelle, libéral, indépendant, désintéressé, et, sauf un court passage au secrétariat général du ministère de la justice en 1848, s'étant tenu toute sa vie volontairement à l'écart des fonctions publiques, Dupont-White était « un homme élevé par le caractère et par le talent », a dit Victor Hugo [1], à qui il donna asile, ainsi qu'à plusieurs représentants du peuple, dans la journée du 4 décembre 1851.

Dans ce milieu où il rencontrait autour de Dupont-White des hommes tels que Carnot, Jules Simon, Rémusat, Sénard, à une époque où un souffle d'enthousiasme et de réformes plus généreuses que réfléchies passait sur la jeunesse, Brives-Cazes, au contact de ces natures d'élite, sentit se développer et s'affermir en lui le goût des idées générales, le sentiment de la liberté, l'amour de la science cultivée pour elle-même, en dehors des visées pratiques de fonctions à remplir ou d'avancement à poursuivre.

Il fréquentait la Conférence d'Aguesseau, où il eut pour confrères des jeunes gens d'avenir, tels que Brière-Valigny, Ernest Picard, Emile Ollivier; plus tard, en 1870, quand ce dernier est nommé ministre, il le note comme le troisième garde des sceaux qu'il a connus personnellement.

Avec son ami Augustin Cochin, il fut aussi l'un des auditeurs assidus des conférences du P. Lacordaire, qui réunissait alors tout Paris au pied de la chaire de Notre-Dame. Il s'échauffait à ce foyer d'éloquence, et l'âme du prédicateur chrétien communiquait à la sienne quelque chose de son élévation

[1] Victor Hugo, *Histoire d'un crime*, t. II, p. 103.

et de sa fermeté morale. Cette belle figure du grand dominicain, resplendissante du double éclat du génie et de la sainteté, demeura rayonnante dans sa mémoire. Quinze ans plus tard il écrit dans son journal : « 4 novembre 1866 : Mort du P. Lacordaire. Quels souvenirs sur ce nom ! Ma jeunesse n'a rien de plus ravissant. Comment pourrais-je oublier?... »

Sans se bercer d'illusions, autorisées par un premier succès, mais que l'avenir eût déçues, Brives-Cazes s'éprit à Paris d'un idéal auquel il demeura fidèle. Sa jeunesse fut active, régulière, plus soucieuse du travail que du plaisir. Son esprit atteignit de bonne heure la maturité, et sa raison eut dès l'abord cette rectitude morale qui ne nous laisse dévier de la droite voie ni en théorie ni en pratique. Titres, honneurs, distinctions, fortune, ces biens vulgaires et passagers, vains hochets de l'orgueil humain, il les prisait à leur valeur. Il était loin de les mettre en balance avec l'attachement aux principes supérieurs, études, devoir, honneur, justice, amitié, avec ces sentiments dont le respect permet de ne jamais rougir ni devant sa conscience ni devant Dieu. Fais ce que dois, advienne que pourra : c'est la devise des nobles cœurs ; ce fut la sienne. Je ne dis pas que de tels caractères soient rares : notre temps, et la magistrature surtout, en a fourni de beaux exemples. Néanmoins ils sont le petit nombre : quand on les rencontre, il est juste et il est bon de les saluer et de leur rendre hommage.

Ce fut un bonheur pour Brives-Cazes d'avoir compris dès sa jeunesse ce qu'il entre de vanité dans toute ambition humaine, même la plus légitime, et que le succès en ce monde ne va pas toujours au plus digne et au plus laborieux, mais s'égare souvent sur le plus habile ou le plus heureux. Il devait éprouver par lui-même ce qu'il y a d'amertume à se sentir méconnu.

De petite taille, de frêle apparence, d'une physionomie où le regard ne s'animait qu'au feu de la pensée, d'une réserve extrême, modeste, discret, timide même et enveloppé, il n'était pas de ceux qui savent profiter des occasions et au besoin les faire naître. Il ignorait l'art de se faire valoir qui est aussi, parfois, l'art de parvenir. Il était dans sa destinée de n'être pas apprécié selon son mérite, de se voir sacrifié à qui ne le valait pas, et de n'arriver que tardivement aux charges qui lui étaient dues. Tenu à l'écart sous l'Empire comme suspect de trop d'indépendance, il vit sa carrière entravée sous la République par le même soupçon. Prévention également injuste, car il ne fut jamais le serviteur d'un parti, mais uniquement, comme il sied au magistrat, le serviteur de la loi, du droit, de la justice.

De retour à Bordeaux, en novembre 1847, il débute aussitôt au barreau de notre ville où, selon le témoignage de M. le premier président Delcurrou [1], « on apprécie bien vite la maturité et le sérieux, la solidité de son instruction juridique, ses plaidoiries bien étudiées que rehaussait encore sa modestie. Ses succès, sa bonne conduite le recommandent pour la fonction judiciaire. Il est d'abord attaché au parquet du Tribunal, puis nommé juge suppléant, à la date du 9 novembre 1849. Cette fonction de suppléant,

[1] Discours prononcé sur la tombe de Brives-Cazes par M. le premier président Delcurrou. Voir *Journal des Arrêts de la Cour d'appel de Bordeaux*, tome LXII, p. 353.

qui lui permet d'appliquer son activité à divers services, où il conquiert, de progrès en progrès, la confiance de ses collègues et l'estime des hommes d'affaires, qu'il remplit avec d'autant plus de zèle qu'elle est gratuite ; cette fonction, Brives-Cazes l'a remplie pendant plus de quatorze ans. Oui, quatorze ans, sans murmurer, avec la même résignation et une égale dignité. »

Être nommé à vingt-sept ans juge suppléant au Tribunal de Bordeaux, cela pouvait, à cette date de 1849, être regardé comme une faveur exceptionnelle, d'ailleurs parfaitement justifiée. Mais rester quatorze ans dans ce poste, c'est une disgrâce persistante. Quelle en peut être la cause? Messieurs, cette cause est tout à l'honneur du magistrat. Elle est le plus bel éloge qui se puisse faire de sa délicatesse morale. Par une de ces mesures d'exception que la passion politique explique sans les rendre légitimes, et dont notre génération a été plus d'une fois le témoin, en décembre 1851, l'inamovibilité de la magistrature fut suspendue. Des magistrats furent arrachés de leur siège, et parmi eux un juge au Tribunal de Bordeaux, M. Bellot des Minières. Par décision du Tribunal, Brives-Cazes fut désigné pour occuper provisoirement le poste du magistrat proscrit. Il accepta les obligations de la charge ; il n'en accepta pas le profit. Bien qu'il fût lui-même sans fortune, le traitement ne passa par ses mains que pour être remis intact à celui qui restait à ses yeux le véritable titulaire. Pour qui a le sentiment de la justice, le caractère du magistrat, comme celui du prêtre, est sacré et inamissible : *sacerdos in æternum.*

Au bout de deux ans, M. Bellot des Minières, mis

à la retraite, fut remplacé; mais, contre l'attente générale, ce remplaçant ne fut pas Brives-Cazes. Les gouvernements ont, d'ordinaire, assez peu de goût pour les esprits indépendants. C'est un tort, car on ne se soutient bien que par ce qui résiste; mais c'est un fait, et ils sont les maîtres. On s'en aperçut à l'oubli qui, durant dix années, maintint Brives-Cazes simple suppléant.

C'était un sage : le travail le consolait des mécomptes de la vie, de ses lassitudes et de ses dégoûts. L'estime publique lui était aussi une compensation à une défaveur imméritée. Méconnus dans les régions officielles, ses titres sont proclamés par tous dans le monde du Palais. En 1861, il est élu membre du Conseil de l'Ordre des avocats au premier tour de scrutin. La même année, il obtient, pour une étude juridique sur Ausone, une médaille d'or de l'Académie de législation de Toulouse, qui l'élut un peu plus tard membre correspondant. En 1864, votre Académie, Messieurs, lui décerne une médaille d'or pour un mémoire sur la Chambre de Justice de Guyenne de 1582, chapitre important, et, avant lui, inconnu de notre histoire locale.

Bien que la réserve de ses paroles, la dignité de son attitude, n'en aient jamais rien trahi, il souffrait de la longue injustice dont il était victime. J'en trouve la confidence dans son journal. A la distance où nous sommes des hommes et des choses, ces notes sont de l'histoire, je puis les reproduire intégralement : « 1er janvier 1864 : Je fais avec le bâtonnier les visites de l'Ordre : le monde officiel. Brochon, maire, parlant de l'indépendance du barreau, me donne des témoignages dont il n'est pas prodigue : le premier président, Raoul-Duval, a l'air de me féliciter... J'ai répondu par mes sympathies pour le barreau... Ne suis-je pas sa grande victime? — 28 janvier : Rude journée d'émotions. Brière-Valigny m'avise que je suis nommé juge de paix du troisième canton de Bordeaux. Puis le procureur général, le premier président, gracieux au possible. Position enlevée de haute lutte. Je ne me croyais pas si peu modeste en me laissant faire juge de paix. Que je regrette le barreau! Ses sympathies ont fait ma force. Au banquet des stagiaires, où j'assiste comme secrétaire de l'Ordre, toast de Trarieux à mon adresse : Il y a de l'avenir dans ce jeune homme. Ma réponse émue. Qu'ai-je dit? — 30 janvier : Banquet du Conseil de l'Ordre. Adieux au barreau. Séparation pénible. Trop juge pour un avocat, ou trop avocat pour un juge... — 3 février : Le sacrifice est consommé. Je prête serment de juge de paix devant le tribunal. Compliments pleins de cœur et d'affection de M. le substitut de La Rouverade, de M. le président Roquette. Que d'émotions à la fois! J'entre aussitôt en fonctions. Que Dieu m'aide! »

Cette nomination tardive n'était qu'une demi-réparation : Brives-Cazes n'eût dû que traverser les fonctions de juge de paix. On l'y maintint sept ans. Pour bien juger de cette âme, inaccessible à tout sentiment de rancune personnelle, je me borne à rapprocher des notes que je viens de lire celles que je trouve à huit années de là : « 29 janvier 1871. Toujours des violences arbitraires : décret déclarant déchus de leurs sièges les magistrats ayant pris part aux commissions mixtes de 1852, notamment le premier président Raoul-Duval... J'ai été sa grande victime! » Pas d'autre réflexion. Toujours des violences arbitraires : c'est la seule leçon qu'il convienne au magistrat de tirer d'un événement où il eût pu voir une revanche. On ne se connaît pas assez : si M. Raoul-Duval eût mieux connu Brives-Cazes, se fût-il mis en travers de sa carrière?

Souhaitons, Messieurs, dans l'intérêt supérieur de la patrie, que de tels malentendus, qui enlèvent au service public des forces précieuses, soient désormais inconnus parmi nous. Souhaitons, pour le bien de tous, que par les générations nouvelles soient oubliées les vieilles haines, les vieilles divisions, les vieilles intolérances; que, sous l'égide d'un chef respecté, l'État ne soit plus regardé comme le bien d'un parti, mais comme le patrimoine commun des enfants de la France; souhaitons que dans cette France réconciliée l'union de tous fasse régner la paix sociale, et que l'aube du siècle qui se lève éclaire une France loyale, fraternelle, généreuse, n'ayant qu'une seule âme, un seul cœur, un seul corps compact et puissant, aux forces décuplées, prêt pour un avenir digne de son passé.

Pendant huit années, Brives-Cazes s'acquitte des fonctions de juge de paix avec un soin, un zèle, une exactitude au-dessus de tout éloge. Arrive le 18 août 1871 : « Je suis enfin nommé juge au Tribunal civil de Bordeaux. Reçu à six heures du soir télégramme de Cochin, mon ancien et fidèle camarade de doctorat. Le garde des sceaux Dufaure a entendu la voix du Palais. Réparation!! poursuivie par Adnet, Princeteau, de Carbonnier, Cochin, etc. Leurs dévouements actifs ont rompu le charme... malfaisant! Justice tardive, dit-on... Manifestation universelle de sympathie. Nécessaire au Tribunal en 1854. Pour fortifier le Tribunal en 1871. Trop juge pour un avocat; trop avocat pour être juge : ma vieille épigraphe est à changer. — 21 août : Je prête serment et je suis installé au Tribunal. *Hoc erat in votis!* Me voilà revenu où j'avais réussi à me faire connaître. »

Sept ans s'écoulent encore durant lesquels Brives-Cazes semble de nouveau oublié en haut lieu. Il n'en jouit pas moins de l'estime de ses collègues. « 8 mars 1878 : Je suis élu par acclamation trésorier du Tribunal. C'est une surcharge de mes occupations variées, mais comment résister à l'élan de tant de cordialité! » Quelques mois après, le 6 décembre, M. Dufaure étant redevenu ministre de la Justice, il a enfin la satisfaction d'écrire : « J'apprends ma nomination de vice-président du Tribunal. J'étais présenté en première ligne, mais j'avais à craindre le courant politique actuel que le président Brétenet a détourné en ma faveur. Installé le 18 décembre. Accueil sympathique. Flot de visites, de cartes, de lettres. Semaine d'émotions. »

Nouvelle étape de sept ans. Il échappe à l'orage qui, en 1883, bouleverse la magistrature; mais d'autres, avec moins de titres judiciaires, portés par le courant politique, passent devant, et il doit attendre jusqu'en 1885 le siège de conseiller à la Cour. Il l'obtient grâce à la haute et pressante intervention de M. le premier président Delcurrou : rapproché de lui par une similitude de goût pour les recherches historiques, il en fut vite apprécié et ne cessa de recevoir les marques de son affectueuse sollicitude.

De septennat en septennat, ce couronnement de sa carrière arrive bien tard. Ses forces se sont consumées dans le rude labeur de la Chambre de police correctionnelle et des flagrants délits. Il sentait le poids du fardeau et sa plainte s'exhale dans ces notes : « 31 août 1883 : Je viens de présider ma dernière audience à la deuxième Chambre, la plus lourde de celles que j'ai présidées. Quelque mélancolie s'y mêle. A peine le temps de faire mon *Journal des Arrêts;* pas un dimanche pour mes études d'histoire locale; pas une ligne au manuscrit ouvert en octobre dernier. »

Déjà il avait le pressentiment de sa fin prochaine : « 27 novembre 1884 : « Je cède le *Journal des Arrêts* que je n'ai cessé de rédiger depuis janvier 1848. Je lui dois la notoriété qu'il a faite à mon nom, les nombreux volumes dont il a grossi ma bibliothèque, les premiers mille francs dont j'ai disposé! Je m'en sépare tristement, avec l'émotion d'un commencement de détachement de ce monde. » Un mois après, il ajoute : « L'année qui va finir a mis fin à des apparences sur mon état physique. Je me suis aperçu depuis six mois de la raideur de ma jambe gauche : de là des trébuchements, un pied tordu... je boite. Ma marche est inquiète... Mon côté gauche semble affaibli... Je lutte contre cette décadence. » Quelques semaines plus tard : « 28 février 1885 : Je suis nommé conseiller. Je vais encore une fois quitter le Tribunal, mais dans de meilleures conditions qu'en 1865, et j'arrive enfin à la Cour, *pede claudo.* C'est le repos : *otium cum dignitate.* Grande manifestation de sympathie au Palais et au dehors. — 11 mars : Installé comme conseiller, j'ai rejoint mon siège clopin-clopant, soutenu par l'accueil le plus aimable, et même le plus flatteur, pour le vieil arrêtiste. Une nouvelle vie va s'ouvrir... Des loisirs inconnus... Adieu ma vie de vice-président, une longue période très intense pour l'esprit et le cœur. Que de chers souvenirs! »

Au 31 décembre de cette même année 1885, jetant un regard en arrière, il résume ainsi ses impressions : « L'année qui va finir a vu le couronnement de ma carrière : honneurs, grande aisance, loisirs inouïs, liberté d'esprit, n'était l'état de ma jambe gauche ; vives inquiétudes de ce côté... Marche non assurée, menaçante; accident possible d'un moment à l'autre. Triste situation! »

Telle est la destinée humaine. Nommé enfin conseiller, à soixante-trois ans, Brives-Cazes se réjouissait : il touche au terme de son ambition; il sera l'historien du Parlement de Bordeaux; toutes les vicissitudes, tous les froissements de sa vie sont oubliés. Avec cette nomination, si longtemps attendue, va lui venir, ample et libre, le loisir toujours souhaité pour ses travaux historiques. Ce fut la maladie qui vint, maladie si grave qu'elle annonçait la mort à courte échéance. Le jour même où il prit possession de son poste de conseiller, il dut, pour la première fois, s'appuyer sur une canne pour se rendre au Palais, sur le bras d'un collègue pour gagner son fauteuil.

Il avait subi la première atteinte de cette cruelle maladie de la moelle épinière, paralysie rapidement progressive qui allait envahir l'un après l'autre tous ses organes, et, en moins de trois ans, le conduire au tombeau. Il n'en fut pas abattu et fit tête à l'épreuve avec un courage inébranlable. Continuant d'employer de son mieux le peu de vie qui lui restait, aussi longtemps qu'il put marcher, il se rendit au Palais et à l'Académie; aussi longtemps qu'il put tenir une plume, il écrivit dans son cabinet. Sans illusions d'ailleurs. Avec sa lucidité ordinaire, il suit les progrès du mal et note chaque étape de cette *via dolorosa*. Je reproduis quelques-unes de ces éphémérides. Elles témoignent d'une énergie vraiment admirable. Cette fermeté d'âme forme un contraste saisissant avec les défaillances morales si fréquentes à notre époque de pessimisme et de théories amollissantes. Pour beaucoup de nos contemporains la vie est une fête qui doit toujours leur sourire. On la prend en dégoût au premier nuage. On se blesse au pli d'une feuille de rose. A ces décadences, qui sont des ferments de dissolution sociale, il convient d'opposer de plus nobles exemples, et de montrer que la vie, même disputée pied à pied à la mort, est toujours digne d'être vécue parce qu'il en peut toujours être fait un bon et utile emploi.

« 1er mars 1886 : Après l'audience, je suis envahi par une crise nerveuse, suivie d'une congestion violente. Situation grave. Impossible de marcher. Accalmie le 4. Je suis encore bien faible. Grands témoignages d'affection des amis accourus. Crises intermittentes. Trop faible pour aller au Palais. Je lutte. »

Un mois se passe : « 25 avril. Pâques : beau soleil et de plus doux souvenirs. Plus de vacances de Pâques. Résignation. Plus de crise, mais grande faiblesse. Je vais à la messe au bras d'un ami : aller très difficile ; retour très pénible. Tristes vacances !

— Mai et juin : Je retourne par intervalle au Palais où mon énergie est admirée, en même temps qu'on me donne l'assistance la plus cordiale. Grande fatigue. — 5 juillet : Je cesse la correspondance Dalloz que j'avais depuis juillet 1854. Elle se fera désormais par la poste. Par une déférence des plus courtoises, le Comité a chargé M. L... de venir personnellement me faire connaître sa décision; ce qu'il a fait très gracieusement en me révélant les démarches d'un collègue qui a tenté de me supplanter. Ainsi se détachent successivement les occupations multiples dont j'avais rempli ma vie laborieuse. C'est presque providentiel dans l'état d'affaiblissement où je suis, mon intelligence n'étant plus servie que par des organes insuffisants. Où vais-je? — 21 août : Je pars pour Balaruc-les-Bains, sur les conseils et l'insistance de M. le premier président Delcurrou, qui a préparé mon installation dans ce village. Séjour difficile dans mon état, adouci par l'empressement cordial du curé du village. Station plus qu'austère. Tout y est d'un primitif inconcevable, peu approprié à l'état de ceux qui s'y rendent. Rentré chez moi, sans accident, je m'étonne de l'effort que j'ai dû faire. »

Ce voyage n'amena aucune amélioration, et le journal continue son impitoyable analyse : « 14 octobre : Ma situation s'est aggravée. Marche de plus en plus difficile. Main gauche refuse le service. On m'applique des pointes de feu. Je ne peux plus sortir. Rentrée de la Cour : je devrais siéger à la quatrième Chambre; mais quand? — 1er janvier 1887 : L'atrophie musculaire s'est aggravée de jour en jour : elle a gagné mes jambes, mon bras gauche et même les muscles de la langue. Où s'arrêtera-t-elle? Que Dieu me garde! Où est le *mens sana in corpore sano?* Mon intelligence encore entière n'est plus servie que par mon bras droit! »

A cette date, Messieurs, la mort planait sur Brives-Cazes. Il n'avait plus que six mois à vivre. Ou plutôt tout était déjà mort en lui, sauf le cœur, l'intelligence et la main droite. C'en était assez pour qu'avec une force d'âme merveilleuse, il achevât d'écrire, fît imprimer et publiât l'un de ses meilleurs travaux historiques, *les Origines du Parlement de Bordeaux* dont la première partie parut en janvier 1887 avec cette touchante épigraphe : *Studia senectutem delectant, domi consolant.*

Obligé de renoncer au Palais, il se donna tout entier à l'histoire, travail de prédilection et préoccupation constante de sa vie. Les études, charme de sa jeunesse, distraction de son âge mûr, devinrent la consolation de sa vieillesse. Dès la première heure, il avait été du nombre de ces esprits distingués, les Leo Drouyn, les Dezeimeris, les Barckhausen, les Gustave Labat, qu'assembla autour de lui, pour leur insuffler le feu sacré et les initier aux mystères de la paléographie, le maître éminent, aujourd'hui patriarche vénérable de l'érudition bordelaise, M. Jules Delpit. De ce petit groupe sortit la florissante *Société des Archives historiques de la Gironde.*

Les études historiques sont la gloire de notre siècle, et parmi elles, en première ligne, les études locales, solidement documentées, nées au vrai sanctuaire de l'histoire, au riche trésor des archives. Ces histoires partielles apportent la plus utile contribution à l'histoire générale. Elles ne se bornent pas à la compléter : elles en constituent les profondes assises.

le seul fondement stable sur lequel puisse s'établir le monument d'ensemble qui ne sera plus seulement les annales du gouvernement de la France, mais la vie même du peuple français. En outre, elles offrent un intérêt spécial : à défaut des grandes lignes et des événements retentissants, elles ont le détail pittoresque et vivant. Elles pénètrent plus avant dans les mœurs, dans l'intimité et jusque dans le cœur du passé. « L'histoire de la contrée, de la province, de la ville natale, a dit Augustin Thierry, est la seule où notre âme s'attache par un intérêt patriotique. »

Tel fut le sentiment de Brives-Cazes. Dans ce champ immense de la science historique, l'objet de sa prédilection, celui qu'il choisit comme son domaine, fut l'histoire des institutions judiciaires de la Guyenne. Il ne prétendait pas embrasser l'universalité de ce vaste sujet, mais en détacher successivement une part, et l'explorer avec toutes les recherches d'une érudition minutieuse et précise, avec toute l'application d'un esprit attentif, judicieux, perspicace. Fouillant les archives et les bibliothèques, recueillant et rapprochant les documents authentiques, chartes, diplômes, manuscrits, registres, comptes, lettres, actes et contrats divers, il fait revivre chaque époque dans sa manière d'être particulière. Pour bien comprendre le rôle du Parlement, il estime qu'il faut d'abord connaître le milieu où il a vécu : état social, institutions, lois, mœurs, intérêts, habitudes d'esprit, courant des idées et des faits. Comme ce milieu change sans cesse, le Parlement change aussi. Chaque génération a une physionomie distincte qu'il s'agit de retrouver, pour bien marquer la différence des temps et les lentes transformations amenées par le cours des âges. C'est faute d'avoir tenu compte de ces règles prudentes que certaines histoires, en usage dans notre enfance, nous peignaient les règnes de Clovis ou de Clodion le Chevelu sous des couleurs qui les distinguaient peu de ceux de Henri IV ou de Louis XIV.

Tous les Bordelais désireux de s'instruire du passé de leur pays apprécient de longue date la série de monographies historiques publiées depuis 1867 par Brives-Cazes :

Les Grands Jours du dernier duc de Guyenne, 1469-1472; le Parlement de Bordeaux et la Cour des Commissaires de 1549; le Parlement de Bordeaux et la Chambre de Justice de Guyenne en 1582; la Chambre de Justice de Guyenne en 1582-1584; Effets des aliénations des Justices royales en Guyenne, 1695-1720; la Police des livres en Guyenne, 1713-1785; Épisodes du système prohibitif en Guyenne, 1725-1762; le Parlement de Bordeaux et le Bureau de la grande police, 1763-1767; Usages des étudiants dans l'ancienne Université de Bordeaux, 1725-1731; Passages des princesses royales françaises et espagnoles en Guyenne, 1721-1748; Expédition en Vendée de deux bataillons de la garde nationale de Bordeaux, 1793.

Enfin il convient de rappeler la revision et la publication par Brives-Cazes des deux volumes de l'*Histoire du Parlement de Bordeaux* de Boscheron des Portes.

Je ne puis entrer dans le détail de ces divers travaux. J'insisterai seulement sur le dernier en date dans l'ordre de la composition, bien qu'il précède tous les autres dans l'ordre chronologique, l'*Histoire des origines du Parlement de Bordeaux* (de 1370 à

1462). Cette étude est la plus considérable que nous ait donnée Brives-Cazes, la plus abondante en faits inédits, en curieuses révélations.

Le sujet est neuf, car il s'agit non de l'histoire du Parlement lui-même, mais de celle des grands corps judiciaires, jusqu'ici fort peu connus, qui l'ont précédé et qu'il a remplacés. Marchant sur un terrain encore inexploré, par là même obscur et difficile, l'habile historien ne s'est pas départi de ses habitudes d'érudition scrupuleuse et de méthode sévère. « L'esprit d'à peu près, a-t-il dit, qui se contente des approximations et des apparences, ne peut convenir à des études faites sur les lieux et sur les documents eux-mêmes. » Suivant cette règle, il avance, « épuisant les textes, rassemblant les détails épars, recueillant jusqu'aux moindres indices des faits et des caractères, et de tout cela formant un corps, » selon le précepte d'Augustin Thierry.

Rien n'est livré aux conjectures dans ces pages où les documents sont réunis avec une patience infatigable et contrôlés avec un soin minutieux. On y voit partout l'historien consciencieux, épris de son art, qu'aucune peine ne rebute. Ses longues explorations à travers les textes l'ont tellement identifié avec son sujet qu'il en est devenu le contemporain.

Qui ne jurerait que l'auteur a vécu aux temps lointains dont il nous parle, tant il est familier avec les hommes et les choses, tant il nous explique avec lucidité le mécanisme et le fonctionnement d'institutions dont on soupçonnait à peine l'existence avant qu'il eût éclairé ces ténèbres du grand jour de l'histoire ?

Les affaires dont il nous entretient se fussent plaidées hier par-devant la Cour d'appel de Bordeaux au lieu de se débattre, il y a quatre siècles, devant la Cour supérieure de Guyenne, qu'il ne nous en donnerait une idée ni plus complète ni plus exacte.

Le style est simple, net, sans recherche, mais clair, courant et aisé, comme un flot limpide.

Entre les feuillets desséchés des vieux manuscrits, l'historien entend les voix du passé qui s'élèvent et murmurent : il écoute et comprend leur langage. Les témoins des jours disparus ne sont plus muets, les choses mortes revivent, et dans ces entretiens mystérieux il trouve autant de charme qu'à suivre le bruissement du vent qui chante entre les rameaux verts des pins du Moulleau, ou les rumeurs innombrables des vagues qui se brisent éternellement au pied des dunes du cap Ferret.

Le livre que nous analysons se divise en quatre parties : la Cour supérieure anglaise, 1370-1451 ; la Cour souveraine de Charles VII, 1451-1452; les Commissaires royaux de 1454; les Grands Jours de Bordeaux en 1456 et en 1459. Chaque partie est elle-même subdivisée, d'une manière identique, en trois chapitres : le premier consacré à un aperçu historique de la période étudiée ; le second à l'organisation intérieure et aux attributions du corps judiciaire ; le troisième aux affaires jugées, aux actes de juridiction, et, quand il y a lieu, aux ordonnances. Dans ce cadre si bien tracé, tous les faits viennent prendre place, à leur tour et à leur rang, dans un ordre parfait. Ceux qui connaissent par expérience les difficultés d'une pareille entreprise ne pourront se défendre d'admirer l'art consommé qui a su débrouiller les notices confuses de ces temps reculés, et les amener, par un classement méthodique, à un enchaînement rigoureux.

J'ajouterai quelques mots pour indiquer l'intérêt du sujet. Pendant la période de la domination anglaise au moyen âge, les Bordelais considérèrent toujours comme un de leurs privilèges essentiels de posséder sur leur territoire une justice souveraine. Néanmoins, ils ne se faisaient pas faute à l'occasion d'en appeler au juge du suzerain de la Guyenne, au Parlement de Paris. Ce n'est pas un des traits de mœurs les moins piquants de cette époque que de voir les Gascons, fort attachés d'ailleurs à l'Angleterre, recourir cependant à la justice des rois de France, quand ils croient y trouver une meilleure sauvegarde de leur droit.

Il est dans la nature humaine que nos affections et nos actes dépendent surtout de nos intérêts et de nos habitudes. Chez les grands seigneurs, la préférence pour le roi d'Angleterre tenait à ce que l'état de guerre perpétuelle où l'on vivait alors leur offrait à chaque instant une de ces occasions favorables dont le sire d'Albret parlait à Froissart avec un soupir de regret : « J'avais plus d'argent et mes gens aussi, quand je faisais la guerre pour le roi d'Angleterre, que je n'en ai maintenant! Quand nous chevauchions à l'aventure, nous trouvions toujours quelques riches marchands de Toulouse, de Condom, de La Réole ou de Bergerac : il se passait peu de jours que nous ne fissions de bonnes prises, et maintenant tout est mort. » Quant aux bourgeois et marchands, la raison de leur attachement à la domination anglaise était le grand débouché qu'ils trouvaient en Angleterre pour le placement de leurs vins, commerce à peu près unique, dès cette époque, du duché de Guyenne.

Mais les uns et les autres recouraient volontiers à la juridiction suprême du roi de France : on retrouve dans les *Olim*, ces précieux registres du Parlement de Paris au cours des XIIIe et XIVe siècles, la trace des nombreux appels et différends de toutes sortes déférés à cette Cour par les Gascons. Cet état de choses dura jusque vers le milieu du XIVe siècle. Après les désastres de Poitiers et de Crécy, le traité de Brétigny mit fin à ces recours au roi de France sous prétexte d'appel. Édouard III, se déclarant désormais possesseur de la Guyenne en toute souveraineté, s'empressa de s'affranchir de la suzeraineté du roi de France, et, par suite, des appels devant le Parlement de Paris. Mais ne voulant pas priver les Gascons des garanties dont ils avaient joui jusque-là, il promit d'instituer une Cour supérieure, à laquelle fut substituée une Cour des Grands Jours durant le gouvernement du Prince Noir, et qui ne fut établie qu'en 1369 par lettres patentes la dotant des pouvoirs judiciaires les plus étendus. Avec un grand esprit politique, Édouard III choisit de préférence les membres de la Cour parmi les gens notables du pays, clercs et laïques, de façon à ce qu'elle eût pour les Gascons toutes les apparences d'une juridiction autochtone.

C'est l'histoire de cette Cour que Brives-Cazes expose avec une abondance surprenante des détails les plus attachants jusqu'à la fin de son existence en 1451. On sait que, le 12 juin de cette année, Bordeaux, après avoir vainement attendu les secours promis par la couronne d'Angleterre, capitula devant les armées du roi de France. Pour prix de leur soumission, les négociateurs stipulèrent, au nom des gens des trois États de la ville et cité de Bordeaux et du pays bordelais, le maintien des franchises et libertés de la Guyenne et spécialement l'établissement à Bordeaux d'une juridiction souveraine. Charles VII n'hésita pas à ratifier sans réserve le traité de capitulation et signa à Taillebourg, le 5 août 1451, les lettres patentes instituant en Guyenne une Cour souveraine qui allait bientôt devenir le Parlement de Bordeaux.

Sous sa forme primitive, cette Cour ne fut pas de longue durée : elle disparut lors du mouvement de révolte contre la France qui, dès la fin de 1452, rétablit momentanément à Bordeaux la domination anglaise. Mais, l'année suivante (1453), Talbot est vaincu et tué à Castillon : une nouvelle conquête, celle-là définitive, réincorpore la Guyenne à la monarchie, et Charles VII nomme, en 1454, des Commissaires royaux, avec mission d'organiser, dans les pays annexés, l'administration de la police et de la justice, conformément à ce qu'elle était dans les autres provinces. Les ordonnances qu'ils rendirent à cet effet ont une importance capitale pour connaître ce qu'était alors, sous le rapport judiciaire, la situation intérieure de la Guyenne. L'honneur de les avoir retrouvées et publiées revient tout entier à Brives-Cazes.

Un peu plus tard, en 1456 et 1459, des conseillers du Parlement de Paris furent envoyés à Bordeaux tenir des Grands Jours, non seulement pour juger les appels à eux déférés, mais pour régler les diverses questions d'attributions, de compétence et de procédure soulevées par l'introduction du régime français. Grâce à ces efforts poursuivis sans relâche, le terrain se trouva préparé pour le Parlement, institué par lettres patentes du roi Louis XI, datées de Chinon, 12 juin 1462.

Ce livre des *Origines du Parlement* s'arrête à l'année 1459. Pour le relier aux *Grands Jours de 1460,* antérieurement publiés par Brives-Cazes, il restait à étudier les débuts du Parlement et son rôle pendant le règne de Louis XI, époque décisive par les habiles mesures que ce roi si politique sut prendre pour pacifier et assimiler la Guyenne. C'est à combler cette lacune que Brives-Cazes, avec une ténacité peut-être sans exemple, consacra ses derniers jours.

Jusqu'à l'heure suprême, il put redire en toute vérité le mot de Solon : « Je vieillis en apprenant chaque jour quelque chose. » Ses longs et laborieux efforts avaient accumulé des matériaux en grand nombre. Au déclin de sa vie, il les mettait en ordre avec une intelligence toujours lucide et une force d'âme triomphant de la débilité du corps. Incapable de poursuivre lui-même des recherches aux archives, et même dans sa bibliothèque, l'abondance de ses notes, la précision de ses indications lui permettaient d'y suppléer, en fournissant à ses amis les renseignements nécessaires pour retrouver et lui apporter le document demandé. Que les amis de la première et de la dernière heure, des bons et des mauvais jours, MM. Leo Drouyn et Gustave Labat, soient ici remerciés d'un dévouement que leur propre érudition rendait plus efficace et qu'ils ont si généreusement prodigué.

Ainsi fut écrite l'*Histoire du Parlement de Bordeaux de 1462 à 1469*, dont la première partie est insérée dans les Actes de l'Académie de l'année 1886. Brives-Cazes eut encore le temps de rédiger la seconde. De sa main défaillante et déjà refroidie, il en traça les dernières lignes peu de semaines avant sa mort. « Je puis, me dit-il, mettre au bas de la page : *Exegi monumentum!* Mon œuvre est terminée. Voilà un siècle des annales judiciaires de la Guyenne, de 1370 à 1472, qui se trouve par moi plus ou moins éclairé dans son entier. Mais je puis ajouter : *Nunc dimittis servum tuum!* Ma vie aussi s'achève. Que la volonté de Dieu soit faite! »

Je le pressais d'envoyer le manuscrit à l'imprimeur. Il ne put se résoudre à s'en séparer. Fidèle à sa devise : *Laboremus,* tant qu'il se sentit un souffle de vie, il voulut revoir son œuvre, en vérifier les détails, la rendre moins imparfaite, plus digne de la postérité. Hélas! fragilité des œuvres et des espérances de l'homme! Les feuillets étaient encore sur sa table de travail le matin de sa mort. Dans la confusion des derniers instants, dans le trouble des heures funèbres, que sont-ils devenus? On ne sait, et cette relique sacrée, arrachée à la souffrance, n'a pu l'être à la destruction. Le manuscrit n'a pas été retrouvé. O vanité des vanités! Ce dernier travail historique de Brives-Cazes, objet de sa prédilection, ce travail qui lui a coûté tant de soins et d'efforts, qui absorbait ses dernières pensées au point de tenir dans ses préoccupations plus de place peut-être que le souci même des destins immortels de son âme, ce travail ne verra pas le jour. *Debemur morti, nos nostraque!*

Malgré cette perte à jamais déplorable, Brives-

Cazes est assuré de laisser dans l'histoire judiciaire de la Guyenne une trace qui ne s'effacera pas. En songeant à la fin de sa vie, l'esprit se reporte vers un autre historien, Augustin Thierry, dont il était digne de s'approprier ces belles paroles : « Si j'avais à recommencer ma route, je prendrais celle qui m'a conduit où je suis. Aveugle et souffrant, sans espoir et presque sans relâche, je puis rendre ce témoignage qui de ma part ne sera pas suspect : il y a au monde quelque chose qui vaut mieux que les jouissances matérielles, mieux que la fortune, mieux que la santé elle-même : c'est le dévouement à la science. »

Brives-Cazes peut rendre le même témoignage : il a donné sa vie à la science et la science ne s'est pas montrée ingrate. Elle est devenue l'appui de sa vieillesse après lui avoir donné force et courage au milieu des épreuves de la vie. Pourquoi cette compagne a-t-elle été la seule? Pourquoi, ayant toutes les qualités familiales, ne s'est-il pas marié? Quand des propositions avantageuses lui sont faites, quand il voit ses meilleurs amis se marier l'un après l'autre, il s'interroge et demande : *Quid mihi?* Toujours il répond : Je ne me déciderai jamais. Sa chronique intime permet d'entrevoir quelques-uns des motifs qui dictaient cette réponse : incertitude de sa situation dans sa jeunesse, attachement pour sa mère qu'il craignait, je pense, de transformer en belle-mère, inclination persistante pour une personne qui n'était pas libre... Le cœur a ses raisons que la raison ne connaît pas. Laissons-les sous le voile et n'insistons pas davantage sur ce problème délicat, nous bornant à redire les premiers vers du célèbre sonnet de Félix

Arvers, qu'il se plaisait à répéter non sans une émotion personnelle :

> Mon âme a son secret, ma vie a son mystère,
> Un amour éternel en un moment conçu ;
> Le mal est sans espoir, aussi j'ai dû le taire,
> Et celle qui l'a fait n'en a jamais rien su.

La science fut donc pour Brives-Cazes l'amie de tous les instants. Sensible aux moindres égards, il était heureux de toute marque d'attention donnée à son œuvre. Un jour, il ouvre une revue célèbre et voit son nom cité avec éloge. Aussitôt il note : « 15 janvier 1877 : Dans un article de la *Revue des Deux-Mondes* sur les Études historiques en France depuis la guerre, par M. Charles Louandre, je suis personnellement cité pour la première fois au milieu des travailleurs de province... C'est trop d'honneur, quand d'autres noms ici plus méritants ne sont pas prononcés. A qui dois-je cette distinction? » Et il ajoute cette simple citation latine : *Ite libelli,* qui peint bien d'un seul mot la joie intime de l'écrivain, ravi de voir ses petits livres faire leur chemin dans le monde.

J'ai tenté, Messieurs, de vous montrer en Brives-Cazes le magistrat et l'historien ; il me reste à vous parler de l'académicien et de l'homme.

L'académicien, un mot suffit à le dépeindre : ce fut un académicien modèle. Élu à l'unanimité membre de votre Compagnie le 25 novembre 1869, il fut reçu le 9 décembre en séance particulière, et introduit avec le cérémonial d'usage par ses parrains, MM. Vaucher et Dezeimeris, il prononça son remerciement auquel répondit le président, M. Baudrimont. Reçu en séance publique le 21 mars 1872, il prit pour sujet de son discours *les Légistes bordelais*. L'Académie devint sa seconde famille. Personne ne le dépassera jamais par l'assiduité, l'abondance des communications, l'empressement aux détails d'intérieur, travaux des commissions, surveillance des impressions, qui contribuent à la vie des corps savants.

Il n'était pas de ceux qui gardent leur science avec une réserve jalouse. Prodigue de son savoir, il aimait à en faire largesse, à guider les autres vers les sources où il puisait. Pour l'histoire de Bordeaux, surtout, il était comme une encyclopédie vivante et parlante. Rien ne le rendait plus heureux que de rencontrer un jeune homme ayant le goût des études historiques. Il l'accueillait, l'encourageait, l'aidait de ses conseils. Le provoquant, l'excitant au travail, il s'ouvrait à lui avec une chaleur communicative, une simplicité cordiale et une bonne grâce familière. Notre principal lauréat de ce soir, docteur en droit lui aussi, et qui, pour une œuvre historique du plus haut mérite, va précisément recevoir la première attribution du prix de cinq cents francs fondé par Brives-Cazes, M. Houques-Fourcade est l'un de ceux qu'il avait ainsi accueillis et qui n'ont pas trompé son attente.

Point de sujet où ne se portât la haute curiosité de son esprit toujours en éveil. Il ne se bornait pas au droit et à l'histoire, mais prenait le plus vif intérêt aux manifestations des idées sous toutes leurs formes. Épris du beau et du vrai, les objets les plus divers de la pensée, les sciences et leurs applications, les problèmes sociaux et philosophiques, le tentaient non moins que l'art, la poésie ou les spectacles de la nature. Tout ce qui ennoblit l'esprit, purifie l'âme, relève l'homme vers l'idéal, l'arrache aux réalités matérielles pour le rattacher aux réalités invisibles, trouvait en lui un adepte et un fervent. C'était un des grands charmes qui l'attiraient dans votre Compagnie. Là, il aimait à être mis au courant du mouvement intellectuel par nos savants collègues des Facultés ; là, il s'enrichissait et se renouvelait. Très fin d'ailleurs, très perspicace, ne se laissant point duper à l'apparence et gardant l'indépendance de son jugement. Épris de la science, il n'en avait pas la superstition. Après tel Congrès plus ou moins scientifique où il assistait, il y a quelque vingt ans, je lis dans son journal cette courte note qui en dit long : « Beaucoup de savants... mais maigre science ! »

Les voyages lui ouvraient une autre source d'informations. Dans sa vie si économe, si austère, c'était l'unique luxe qu'il se permît. Il leur consacrait ses vacances. Son journal désigne plus spécialement les années de 1855 à 1865 comme la période des voyages. Il visita tour à tour la Provence, le Languedoc, la Normandie, Fontainebleau, les Pyrénées, toute la région du plateau central, et à l'étranger le nord de l'Espagne, la Suisse, l'Italie. Ses notes très concises, uniquement destinées à rappeler d'un mot ses impressions, offrent surtout un intérêt personnel.

Quand il s'y rencontre des réflexions générales, on est frappé de la justesse des vues que l'événement confirme. Dans le voyage d'Italie (1859), accompli au lendemain de Solférino, je relève, en un mot souvent répété : « Ingrats! Quels ingrats!! » une appréciation du caractère italien que l'avenir n'a pas démentie. Après Sadowa il écrit : « 5 juillet 1866 : Stupéfaction générale. La Vénétie est cédée à la France. Quelques illuminations officielles. Est-ce la paix tant désirée? C'est l'empire d'Allemagne qui va renaître. » Parole prophétique! Tournons quelques feuillets : « 18 novembre 1871 : L'empire germanique est proclamé solennellement dans le grand salon du château de Versailles!! Cruelle humiliation! »

Il y aurait beaucoup à glaner, dans la suite de ces notes, sur les événements des vingt dernières années. Mais ici, *incedo per ignes*. Je ne me hasarderai pas sur ce terrain brûlant. L'apaisement n'est fait ni sur les hommes ni sur les œuvres, et ce n'est ni l'heure ni le lieu de reproduire ces dépositions d'un témoin. Je dirai seulement que ce témoin fut une conscience, et son langage, je le crois, sera celui de l'impartiale histoire.

Laissant de côté la politique, je me borne à citer deux remarques sur un homme qui a joué un rôle considérable dans les événements des vingt dernières années, et qui appartient désormais à l'histoire : « Janvier 1882 : Gambetta, premier ministre, tribun plus qu'homme d'État, est renversé par une Chambre qu'il a bravée dans son existence même et qui a bondi... malgré sa nullité pour les deux tiers de ses membres, plus de deux cents illettrés. — 1er janvier 1883 : Le bruit se répand de la mort de Gambetta. Il agonisait depuis quelques jours, à la suite d'un coup de revolver tiré par une femme? Il finit à quarante-cinq ans la plus étonnante carrière... De la race de ces Franco-Italiens qui, depuis Mazarin, passant par Mirabeau et Bonaparte, ont dominé en France, il était un de ces politiciens qui personnifient un parti; puissant par la clientèle qu'il s'était créée dans l'armée, dans l'administration. Avec ses formules : *Guerre à outrance* (70-71), *le cléricalisme c'est l'ennemi*, il avait habilement réuni des masses... Appelé *le fou furieux* par Thiers en 1871, *l'insurgé* par Grévy, en quoi a-t-il servi la République? Sectaire, et non libéral comme les politiques de race, il s'est trouvé impuissant et n'a rien réussi, ni en 1871 ni comme ministre. Il laisse un vide dans son parti. Pour la France, qui sait? »

Il n'est pas sans intérêt de rapprocher des notes précédentes cette réflexion de Brives-Cazes sur le progrès social, qu'il définit « l'accroissement successif de la liberté et de la sécurité de l'individu, assurant de plus en plus le développement de ses facultés physiques et intellectuelles et le règne de la justice ». N'est-il pas instructif de se demander en quoi l'influence d'un politicien comme Gambetta a pu servir la cause du progrès ainsi entendu?

Dans un ordre d'idées tout différent, je signale, comme un trait particulier, l'abondance des renseignements que fournit le journal de Brives-Cazes sur les perturbations de l'atmosphère et les divers phénomènes météorologiques dans notre région. Il suit d'un œil très attentif le cours des saisons et indique son influence sur les intérêts agricoles et la situation économique. Je transcris quelques exemples :

« Juin 1882 : Depuis quelque temps, les bourrasques sud-ouest se succèdent sans relâche : elles se forment entre les tropiques et l'Océanie, traversent l'Amérique où elles ne sont plus arrêtées, par suite des déboisements, suivent le Gulf-Stream et se jettent sur nos côtes. C'est du moins l'opinion des météorologistes. Un anti-cyclone nous a protégés pendant quelques semaines. — 31 décembre 1882 : L'année s'achève avec un temps pluvieux qui n'a pas cessé depuis la fin d'août. Il semble avoir cédé, pendant quelques heures, la place au soleil qui a éclairé hier jusque vers deux heures les obsèques du cardinal Donnet. Deux cardinaux, douze archevêques ou évêques. Tout s'est magnifiquement passé en bel ordre. J'assiste avec le Tribunal à la longue promenade, et dans le chœur, à l'office, à notre place habituelle. Mgr de Langalerie a parlé. Nature familière, le cardinal était devenu populaire par son aménité. Regrets universels surtout dans le peuple, si incroyant et irréligieux qu'il soit maintenant. — 5 juin 1883 : Cyclone avec grand abat d'eau, peu de vent, pas d'éclat de tonnerre, cause des dommages, moins qu'en août 1877. Depuis le commencement du mois, temps orageux, pluie intermittente ; l'été s'annonce comme l'an dernier... c'est inquiétant... Le mois se termine pas trop mal avec quelques journées de chaleur. La vigne est en bon état, mais la richesse de la Gironde est compromise gravement par le phylloxera : saisie des propriétaires, dépréciation des immeubles, ruine de ceux qui n'ont pas des capitaux disponibles. — Juillet 1884 : Grandes chaleurs depuis un mois (+ 30° et 35°) sans autre relâche que quatre ou cinq orages ; cette continuité de franc soleil rappelle les étés d'autrefois. »

A la même époque, je relève une éphéméride d'un autre genre qu'il n'est pas inutile de retenir :

« 31 juillet 1884 : Je signe, à la place du Président en congé, les premières ordonnances relatives au divorce. Les époux déjà séparés ouvrent la marche : il faut s'attendre à un grand empressement. Que vont devenir les mœurs françaises? »

Je ne saurais passer sous silence le soin avec lequel Brives-Cazes mentionne dans son journal les événements heureux ou malheureux touchant ses amis ou ceux de sa famille. Il les enregistre avec une sollicitude qui se traduit toujours par un mot ému. Par exemple : « 5 février 1881 : Décès de Mme veuve C..., la vieille amie de ma mère. Elle a vu l'anéantissement de la fortune que lui avait laissée son père et la ruine de ses enfants. Pauvre femme, quelles épreuves! L'affaiblissement de son intelligence lui a sauvé les dernières douleurs. *Res sacra miser!* »

En dehors de ces tristesses, cortège ordinaire de la vie, il est amené parfois à enregistrer des chagrins d'une autre sorte : procédés peu délicats, oublis ou négligences d'anciens amis. Il les note sans amertume, et, après avoir rappelé les souvenirs ou les obligations d'autrefois, il se contente d'ajouter : « mais comme toujours, *silens!* »

Sa nature délicate était vivement touchée par une preuve d'affection ou de bienveillance, si légère fût-elle. Que de fois on peut relever dans son journal des détails analogues à celui-ci : « André F... vient me visiter avec sa jeune femme, une gracieuse Cubaine qui me laisse son bouquet de violettes en souvenir. »

Je citerai aussi cette simple observation de touriste : « Que de gens, que de femmes surtout, ne voyagent que pour satisfaire un besoin de locomotion qui savait autrefois se satisfaire dans les soins incessants du ménage! » Ou encore cette autre, sans indication de provenance pour ne blesser personne : « Ici les femmes, grandes et fortes, ont grand air et une beauté saisissante au premier coup d'œil, mais peu séduisante après. » Évidemment cela n'est pas daté de Bordeaux.

En revanche, c'est bien dans notre ville qu'il note avec un juste orgueil le succès, soutenu jusqu'au dernier jour, de l'Exposition organisée, en 1882, par la Société Philomathique : « Il est constaté que l'Exposition a eu près de cinq mille exposants et près d'un million de visiteurs. C'est un grand fait bordelais, attestant la puissance de l'initiative privée et l'attraction de Bordeaux sur le Sud-Ouest. »

Parfois c'est une anecdote piquante, comme ce quatrain épigrammatique, à propos de peintures exécutées vers 1864 dans la première Chambre de la Cour :

> Laissez-moi contempler votre auguste figure,
> Éloquence, Vertu, Justice, Vérité ;
> C'est bien le moins que la peinture
> Remplace la réalité ;

et celui-ci sur le rachat du péage du pont de Bordeaux, où la circulation est gratuite depuis le 29 août 1861, à midi :

> Après-demain Sa Majesté
> Vient nous visiter en personne,
> Pour nous donner la liberté...
> La liberté de la Garonne.

Voilà trente ans que nous l'avons acquise cette liberté de la Garonne : elle nous est restée; peut-être en est-il quelques autres que nous avons perdues en route, ou que nous attendons encore !

Simple silhouette bien expressive : « 3 juillet 1865 : Décès de M. Labat, père de mon ami Gustave. Le dernier survivant des hommes plus âgés que moi qui me tutoyaient. Ancien officier du premier Empire. Rien de militaire d'ailleurs. N'en parlait jamais. » Cette esquisse me semble évoquer, d'un trait précis, tout un caractère, un type rare et presque unique d'ancien soldat, vétéran des grandes guerres, avec des états de service superbes, mais qui, après les actions d'éclat, a connu les revers des jours sombres, a enfermé ses souvenirs dans son cœur, et meurt sans en avoir parlé, emportant dans la tombe son deuil éternel.

En 1886, ayant lu la *France Juive,* il écrit les réflexions suivantes, qui sont un excellent résumé des livres d'Édouard Drumont, sur l'un des grands dangers sociaux de notre temps : « Quatre ou cinq banquiers juifs possèdent à eux seuls d'immenses capitaux assez puissants pour peser sur tous les ressorts de la société : sur les fonds d'État par la Bourse, où ils font la hausse et la baisse ; sur la haute administration et la politique, où ils occupent les grandes situations (ministres, préfets) ; sur l'ordre judiciaire, où ils ont les plus hauts emplois (à la Cour de cassation, dans les Cours) ; sur les hautes classes : 1° par relations mondaines, 2° par mariages avec l'aristocratie ; sur le journalisme : 1° en accaparant les journaux *(Nation, Lanterne, Gaulois),* 2° en soudoyant les publicistes. C'est donc dans l'État une puissance de nature à lui faire échec. Or, de tout temps, les gouvernements se sont inquiétés de ces puissances occultes. De là, mesures contre gens de mainmorte, contre gens de finances. Au siècle dernier, contre les traitants, accusés, en outre, de vols, d'exactions, d'usure. 10 novembre 1716, arrêts de la Chambre de justice. 6 février 1717, arrêts du Conseil; plus de 17 millions restitués; Samuel Bernard taxé à 9 millions, etc. »

De nombreuses notes attestent la vivacité des impressions de Brives-Cazes en face de la nature. Dès qu'il arrive à Arcachon, Royan, Soulac, Biarritz, Saint-Sébastien, il court droit à la plage. Que l'Océan lui apparaisse rayonnant ou voilé, calme ou tumultueux, en sa présence son âme se dilate. « Je m'arrache de chez moi péniblement, dit-il; mais dès que le sacrifice est fait, je retrouve mon ancienne ardeur d'excursionniste, et je jouis d'une vie qui est comme un rêve délicieux dans mon existence solitaire. »

A Arcachon, c'est la mer plus que la forêt qui l'attire, surtout vers le cap Ferret, où il ne se lasse pas de retourner : « Ici il faut voir la plage; la forêt ne suffit pas; ceci ne tuera pas cela; c'est autre chose. Je vais devant moi jusqu'à l'Océan, humant le grand air et ravivant les souvenirs. Que cette plage déserte en éveille en moi, de ceux qui vont au cœur! Longé la plage devant Moulleau, le Pilat, les grandes dunes de la Grave. Lames brisant sur le banc de Matoc. Superbe tableau à revoir! »

S'il va en Périgord, chez ses vieux amis de Thiviers dont le nom revient si souvent dans ses souvenirs, il ne goûte pas moins les fraîches vallées et les horizons verdoyants. Les grandes montagnes aussi parlent fortement à son âme. A son passage au grand Saint-Bernard il couche une nuit à l'hospice. Il ne note pas seulement le souvenir de la touchante hospitalité des moines et celui du défilé de Marengo, « de Bonaparte qui a passé par ici », il écrit ces vers :

A ces hauteurs, mon Dieu, mon âme plus légère
Vers vous monte avec moins d'effort.
Que me feraient ici tous les arts de la terre
Et les vains caprices du sort?

Revenant de Biarritz (1873), il s'arrête à Lourdes « parce qu'il veut comparer la puissance créatrice du plaisir et celle du sentiment religieux ». Il remarque la piété des pèlerins de Vendée et de Bretagne « qui se pressent sans désordre sur la place et chantent un hymne breton, tandis que les communards de l'endroit en frémissent ». Il est frappé de « l'aspect saisissant de la grotte dominée par une blanche église romano-byzantine ». Il monte au Calvaire et écrit dans l'ascension : « O mon Dieu, accordez-moi la force et la santé pour accomplir et mon œuvre sur la terre et mon salut dans le ciel. » Arrivé au pied de la Croix, devant la vue splendide dont ne peuvent se détacher ses regards, d'admirables vers de Victor de Laprade chantent dans sa mémoire, et il les transcrit avec émotion en face des lointaines Pyrénées :

Plus haut! toujours plus haut, vers ces hauteurs sereines
Où nos désirs n'ont pas de flux et de reflux,
Où le bruit de la terre, où le chant des sirènes,
Où les doutes railleurs ne nous parviennent plus!
Plus haut dans le mépris des faux biens qu'on adore,
Plus haut dans ces combats dont le ciel est l'enjeu,
Plus haut dans vos amours. Montez, montez encore
Sur cette échelle d'or qui va se perdre en Dieu.

L'aspiration vers l'idéal était la marque de son esprit. Je pourrais multiplier les citations où il flétrit les tendances contraires : « Pendant que la Science, à force de reculer ses horizons, arrive à la poésie, l'Art, reculant dans la voie inverse, devient de plus en plus positiviste... comme s'il ne valait pas, non par l'imitation, mais par ce que l'artiste y met de sa pensée et de son idéal. » Il se rendait souvent à Paris pour les expositions, les réunions des sociétés savantes. Ces séjours étaient pleins de charme parce qu'il y retrouvait, outre des amis biens chers, les musées, le Salon de peinture qui lui était un vif attrait, la Comédie-Française, les concerts, l'Opéra. Il y goûtait en dilettante la bonne musique, « car elle sait dire des choses pour lesquelles il n'y a point de mots ». S'éloignant de Paris, en 1882, il écrit : « Charmant séjour, où l'esprit et le cœur étaient de la partie. Accueil aimable d'Adnet, de Muyzon, chez qui je dîne ; de M. Ch. Vergé (de l'Institut), de La Rouverade, etc. Jamais je n'ai quitté Paris avec tant de mélancolie. Jamais je ne m'y suis plus repris à vivre comme si je ne l'avais pas quitté. Et puis j'y suis aimé, comment en douter ? » Malgré tout, il revenait attristé des tendances générales, effrayé du laisser-aller parisien : « Un réalisme brutal envahit tout, de la rue aux arts, à la science. Est-ce le résultat prévu d'une démocratie à outrance ? L'esprit bohème, dit artiste, pénètre toutes les classes. Quelle insouciance d'un passé... d'hier ! Intoxication des Parisiens pour combattre l'anémie. Et cependant tout baisse : dans les lettres, dans les arts. Aveux de tous les critiques. C'est le paganisme qui revient. » L'expression de ces regrets est constante dans les notes des dernières années.

Brives-Cazes aimait la France comme il aimait Bordeaux, avec toute son âme : pendant les jours néfastes de l'année terrible, ses notes brèves, précipitées comme les événements tragiques que chaque heure accumulait, sont toutes haletantes de l'angoisse patriotique. Il aimait la France dans son histoire, dans ses traditions, dans son génie, en effet si aimable lorsqu'il brille de son éclat naturel. Il était un peu sceptique à l'endroit des progrès modernes. Je suis plus enclin à l'excuser qu'à le blâmer, estimant qu'il est certains cas où le scepticisme a du bon. Quand on vante la beauté de l'art naturaliste, la clarté de la poésie décadente, la force de la philosophie pessimiste, le libéralisme de la libre-pensée, je l'avoue, je suis sceptique.

Aux yeux de Brives-Cazes, la sécurité civile, grandie avec la civilisation, et devenue un besoin essentiel pour l'homme moderne, est le seul progrès acquis depuis 1789. C'est à peu près tout l'avantage qu'il nous accordait sur nos pères. A part cela, il jugeait que nos anciens nous valaient bien, qu'ils étaient aussi bons Français que nous, eux qui ont fait la France, et qu'ils étaient plus grands puisqu'ils ont laissé de plus grandes œuvres.

Devant lui il en avait un modèle où ses regards se sont bien souvent attachés. Que de fois je l'ai surpris pensif et recueilli, assis près de sa fenêtre, contemplant l'admirable décor de l'antique cathédrale de Saint-André, cette merveilleuse floraison de pierres dans son cadre de verdure, se détachant sur l'azur clair du ciel, enveloppée comme d'une tunique lumineuse des splendeurs d'un soleil d'été ! Puissante tour de Pey-Berland, flèches sveltes qui prenez la pensée pour la porter en haut, monument vénérable, église témoin de tant de choses, poème historique où revivait pour lui tout le passé, qui dira le monde d'impressions évoquées par vous dans son âme, durant les longues journées de sa lente agonie? Une émotion religieuse s'éveillait en lui devant ce chef-d'œuvre de l'art chrétien, et des lueurs de l'infini brillaient dans la mélancolie des heures dernières. Comme le grand calme du soir descend et flotte, enveloppant, au-dessus des rumeurs de la ville, la paix divine entrait dans son cœur, effaçant les soucis terrestres, et il se retrouvait en accord avec l'ordre immuable, prêt à paraître devant l'invisible Juge.

Il se vit mourir par degrés, sans un instant de faiblesse. Plus soucieux de l'achèvement de son œuvre que de sa vie finissante, il assistait ferme et sans trouble à sa propre destruction, au lent envahissement de la mort. Depuis qu'il avait dû renoncer à toute excursion, qu'il lui était même devenu impossible de sortir de sa chambre : « Je me repose, disait-il simplement, et me distrais, en voyageant dans le passé. » Immobile sur ce fauteuil où le clouait la paralysie, seul au milieu des livres qui envahissaient tous ses meubles et jusqu'aux sièges de son cabinet, impuissant à faire un seul pas, ne pouvant qu'à grand'peine tourner un feuillet ou écrire une ligne, mais toujours avec la même égalité d'humeur, la même vaillance au travail, la même énergie morale, il apparaissait, dans cette ruine de tous ses organes, comme une affirmation victorieuse de la puissance de l'âme et du triomphe de l'esprit sur la matière.

Ainsi s'écoulèrent les derniers mois de sa vie. Il lisait souvent l'*Imitation* dans un vieil exemplaire qu'il tenait de sa mère. L'abondance du cœur, l'effusion tendre de l'incomparable moine du moyen âge lui rendaient plus sensible le lien de la religion qui rattache la terre au ciel. Je le trouvai un jour arrêté sur ce passage : « Certainement, au jour du jugement, on ne nous demandera pas ce que nous avons lu, mais ce que nous avons fait; ni si nous avons bien parlé, mais si nous avons bien vécu. » C'est une parole qu'il pouvait méditer sans crainte, car la science qui passe ne lui avait point fait oublier la vérité qui demeure. Confiant dans l'avenir et la bonté souveraine, il envisageait avec une gravité calme l'inévitable terme. Derrière le sombre passage de la tombe entrevoyant l'au delà mystérieux où il retrouverait ses chers absents, où revivraient ses chers souvenirs, il s'est détaché de la vie sans regrets, « comme l'olive mûre, dit Marc-Aurèle, bénit en tombant l'arbre qui l'a portée. »

Vous n'ignorez pas, Messieurs, quel généreux emploi ses dispositions testamentaires ont fait de la fortune reconstituée par la constante sévérité de sa vie, partageant le capital entre des parents éloignés et d'anciens amis, les livres entre la Cour et le Tribunal, les tableaux et gravures entre le musée de Bordeaux, M. Gustave Labat, M. Albert Theulier; enfin, outre divers legs charitables, laissant à votre Académie la fondation d'un prix important.

Il faut toujours par quelque point payer tribut à la faiblesse humaine. J'écris un éloge sincère, non un panégyrique, et je dois avouer que cet homme excellent montrait en certains cas un peu trop de subtilité d'esprit. Par surcroît de science peut-être et d'érudition, ou par une pente de sa nature portée à la minutie, il lui arrivait de se montrer méticuleux à l'excès et de compliquer inutilement les choses simples. Cette tendance n'est pas très rare chez ceux, mathématiciens ou légistes, qui ont vécu avec les chiffres et avec les textes plus qu'avec les hommes. C'est le revers, et comme la rançon, de leurs autres mérites. La vérité humaine est d'un autre ordre que la vérité algébrique : elle demande un tact, une mesure, qui ne s'accordent pas toujours avec la rigueur de la raison scientifique, et la justesse du discernement pratique peut souffrir du trop de science. Très droit dans les choses de la vie, très exact en histoire, le jugement de Brives-Cazes, quoique très éclairé, était quelquefois à côté, me dit-on, en jurisprudence.

Cette ombre, si c'en est une, est la seule que j'aie à marquer dans ce portrait; encore ne faudrait-il pas la pousser au noir. Au demeurant, notre ami fut le plus érudit et le meilleur des hommes. Simple, bienveillant, sympathique, il possédait au plus haut degré ces petites vertus, qui ne sont point si petites, puisqu'elles rendent la vie douce et légère à nous et aux autres, et qu'elles forment le privilège des esprits droits et des âmes saines. Être dévoué, charitable et bon, se rendre agréable à qui nous entoure, prendre intérêt à tout, aux idées, aux personnes et aux choses, n'avoir d'autres soucis que les soucis désintéressés de l'amour de la science et de la patrie, ne pas trop demander à la vie, ne pas trop en attendre, la bercer de quelques rêves nobles et beaux, qui élèvent, distraient, consolent l'âme, qu'on voit se dissiper sans que la déception soit amère, vivre avant tout par le cœur et par l'esprit, n'est-ce pas avoir le vrai sens de l'existence, la philosophie pratique qui assure le bonheur dans la mesure où il est donné à l'homme de l'atteindre? Homme de bien, homme de science, homme de foi, notre ami n'a-t-il pas réuni les trois vertus théologales de notre temps, et de tous les temps?

Nous sommes dans le siècle des merveilles. Nous appartenons à des générations qui ont vu et entendu des choses jusque-là inconnues, *inaudita prius*. En un temps où la parole règne en maîtresse, les muets eux-mêmes ont appris à parler. Prodige non moins grand, des pierres ou des papyrus silencieux depuis six mille ans nous ont révélé leur langage. Nous avons revu le visage même de Sésostris, et du fond des hypogées de la Haute-Égypte les contemporains de Ramsès nous ont fait entendre leur voix. En soulevant la pierre de son sépulcre de Saqqarah, où il est couché depuis cinquante-cinq siècles, écoutez ce que nous dit Ptah-Hotep, fonctionnaire de la Ve dynastie : « O mon cœur, cœur qui me viens de ma mère, mon cœur de quand j'étais sur terre, ne te dresse pas comme témoin, ne me charge pas devant Dieu le grand. Ayant vu les choses, je suis sorti de ce monde où j'ai dit la vérité, où j'ai fait la justice. Soyez bons pour moi, vous qui viendrez après, rendez témoignage à votre ancêtre. »

Ces paroles, qui montent du fond de l'abîme du temps et de l'espace, que l'écho du Nil envoie à l'écho de la Garonne, sont-elles d'hier ou sont-elles d'il y a six mille ans? Ces sentiments ne sont-ils pas les nôtres? Qui de nous n'avouerait cette invocation et ces prières? L'épitaphe du fonctionnaire de la cinquième dynastie égyptienne pourrait être gravée sur la tombe du magistrat de la troisième république française, et notre ami ne tiendrait pas un autre langage.

Cette communion morale à travers les siècles atteste magnifiquement l'unité de la race humaine, issue du même Créateur, fille d'un même Père qui est aux Cieux. Ces hommes premiers nés des siècles, fils de l'aurore des temps historiques, et nous, hommes contemporains de cette fin de siècle, fils de sociétés vieillies, nous sommes les mêmes hommes, ayant en nous la même âme faite à l'image du même Dieu éternel. Sous le vêtement changeant des modes et des coutumes, nous portons le même cœur, nous avons mêmes vertus, mêmes défauts, mêmes amours, mêmes désirs bons ou mauvais, même devoir et même destinée immortelle.

Si l'immortalité des œuvres que nous laissons en ce monde est éphémère, il est une autre immortalité plus effective, assurée à l'homme juste. C'est elle que souhaitait Ptah-Hotep. C'est elle qu'a méritée Brives-Cazes. Que fais-je ici, ce soir, sinon rendre à la mémoire de notre ami le témoignage que sollicitait le scribe des Pharaons? Être homme de bien! tout est contingent et relatif, dans la vie, hormis cela! Brives-Cazes le fut. Je suis heureux qu'il m'ait été permis de consacrer son souvenir d'une manière plus durable en donnant à ce témoignage la forme solennelle d'un hommage public. Mon dernier mot est pour vous remercier de nouveau de m'en avoir procuré l'occasion.

RÉPONSE DE M. ÉDOUARD CUQ

PRÉSIDENT DE L'ACADÉMIE

Messieurs.

Ce n'est pas à moi que devait revenir l'honneur de présider cette séance. Il appartenait au président de l'Académie pendant l'année 1890 de recevoir M. Gaston David et de décerner les récompenses aux lauréats de nos concours. Retenu depuis plusieurs mois pas une maladie qui lui a fait éprouver de vives souffrances, M. le Dr Berchon n'a pu remplir jusqu'au bout la mission qui lui avait été confiée.

Une déception plus cruelle encore nous était réservée. Celui à qui devait revenir, cette année, la présidence était, il y a quelques semaines, enlevé par une mort prématurée à sa famille et à l'affection de ses collègues. Je suis certain d'être l'interprète de tous en exprimant à M. Berchon, avec nos regrets de ne pas le voir au milieu de nous, tous nos vœux pour son rétablissement, et en rendant un dernier hommage à la mémoire de l'architecte éminent, de notre regretté président, Charles Durand.

C'est à ce douloureux concours de circonstances que je dois d'occuper le fauteuil de la présidence. Lorsque je cherche les raisons qui ont pu déterminer mes collègues à choisir un des membres les plus jeunes de notre Compagnie pour ce poste d'honneur auquel tant d'autres auraient si bien mérité d'être appelés, je n'en vois qu'une seule qui paraisse suffisante, c'est le désir de resserrer les liens qui unissent l'Académie au corps universitaire de Bordeaux. Au moment où, par les soins de l'un des membres honoraires de notre Compagnie (1), un grand nombre de notables de notre cité se sont groupés pour former une *Société des Amis de l'Université*, vous avez voulu témoigner l'intérêt que vous portez à l'œuvre qui se prépare, à la constitution de l'Université de Bordeaux. Vous avez voulu manifester votre haute sympathie pour ce mouvement de décentralisation scientifique et littéraire qui a motivé, il y a près de deux siècles, votre propre institution (2). Ici encore je suis certain d'être votre interprète en exprimant tous nos vœux pour la consécration prochaine par les pouvoirs publics de l'Université de Bordeaux.

Messieurs, l'honneur qui m'a été conféré m'impose ce soir une mission difficile, celle de répondre au discours que vous venez d'entendre. Si je n'écoutais que mon propre sentiment, je me garderais de gâter par des paroles inutiles le plaisir qu'il vous a causé. Pris en quelque sorte à l'improviste, j'aurais bien des raisons pour m'abstenir. Comment, d'ailleurs, parler dignement d'un poète sans l'être un peu soi-même? Si j'avais cette prétention, vous auriez le droit, Monsieur, de me rappeler la parole dédaigneuse d'Horace pour le profane vulgaire.

Mais l'Académie a ses lois et ses usages : elle m'ordonne de faire connaître au public les titres qui

(1) M. Alfred Daney, ancien maire de Bordeaux.

(2) Le 1er numéro du *Bulletin de la Société des Amis de l'Université de Bordeaux* en donne une preuve décisive : le premier cours public de physique expérimentale, professé dans notre région, a été fondé en 1741, par l'Académie de Bordeaux, sur la proposition de Montesquieu.

vous ont recommandé à nos suffrages, et de parler de vos mérites littéraires, au risque de violenter un peu votre modestie.

Il y a longtemps, Monsieur, que l'Académie vous connaît et vous apprécie. C'est, il y a quinze ans, en 1876 que vous lui avez envoyé votre premier volume de poésie : *Le Poème de la vie*. Il obtint la plus haute récompense qui ait été décernée en cette année, sur le rapport de trois bons juges : le regretté doyen de la Faculté des lettres, M. Roux, M. Froment, et le doyen des poètes bordelais, notre très sympathique collègue, M. Hippolyte Minier. Presque en même temps, ce volume était remarqué à l'Académie française qui vous donnait ses meilleurs encouragements. Deux ans après, votre nouveau volume, *Jours d'été,* était également cité avec éloge à l'Académie française, et le secrétaire perpétuel, M. Camille Doucet, disait dans son rapport : « M. Gaston David est de ceux avec qui l'on compte et sur qui l'on aime à compter. »

Depuis cette époque, votre plume féconde n'a cessé de produire soit en vers, soit en prose, et, sans entrer dans le détail de toutes vos publications, je citerai, parmi vos œuvres en prose, trois études sur l'*Idée chrétienne dans l'éducation,* sur le *Moraliste Joubert,* et sur le *Pessimisme contemporain,* qui, toutes les trois, ont été couronnées aux Jeux Floraux de Toulouse, et dont la dernière vous a valu, au concours de 1888, le jasmin d'or et le diplôme très envié de *Maître ès Jeux Floraux.*

Vous venez d'ajouter un nouveau titre à ceux que nous nous étions plu à vous reconnaître, en parlant avec autant de chaleur que d'élévation du regretté collègue auquel vous avez succédé. L'Académie forme comme une grande famille qui a ses joies et ses tristesses, ses jours de fête et ses jours de deuil. Elle vous sait gré, soyez-en sûr, d'avoir rappelé publiquement les mérites d'un des membres qui lui ont fait le plus d'honneur par la dignité de sa vie autant que par ses travaux.

Brives-Cazes était de la lignée de ces légistes bordelais dont il a raconté l'histoire, il y a dix-neuf ans, dans une séance semblable à celle qui nous réunit aujourd'hui. Partageant sa vie entre ses devoirs professionnels et ses recherches sur les institutions de l'ancienne province de Guyenne, il continuait parmi nous les traditions de ces parlementaires qui, au siècle dernier, furent l'honneur de notre Compagnie : les Le Berthon, les de Barbot, les La Montagne, les de Bacalan, et celui de tous dont le nom nous est le plus cher, J.-J. Bel. Comme lui, Brives-Cazes a voulu nous laisser un souvenir durable, en fondant un prix de 500 fr. qui sera décerné tous les deux ans au meilleur travail sur un sujet relatif à l'histoire de l'ancienne Aquitaine et plus particulièrement à Bordeaux.

L'Académie, qui est en possession de ce legs depuis près de deux ans, a résolu de faire coïncider avec cette séance, consacrée à la mémoire de Brives-Cazes, la première attribution du prix qu'il a fondé. Nous avons reçu un excellent travail qui répond bien à ses intentions et où l'on retrouve, à côté de vues générales qui se dégagent naturellement de l'étude attentive des textes, cette aversion pour les conceptions *a priori*, ce goût de l'exactitude et de la précision, que donnent les études juridiques et que Brives-Cazes possédait à un si haut degré.

Et vous aussi, Monsieur, vous avez, à vos débuts, suivi la même voie que Brives-Cazes : vous avez été faire votre droit à Paris. Mais tandis que Brives-Cazes se prenait à goûter les beautés sévères de la science du droit, et se pénétrait de la vraie grandeur d'une étude qui recherche les moyens de maintenir l'ordre dans les familles et le crédit dans la société, le culte de la Muse vous emportait vers de plus hautes régions :

En ces sphères sereines
Où, dans leur pureté, règnent en souveraines
Les idéales passions.

Vous en avez fait l'aveu plus tard :

Dans quel monde enchanté vivaient nos rêveries,
En quels vallons charmants, quelles plaines fleuries,
Nos pensers s'égaraient alors !
Comme tout était grand, noble, plein de mystère,
Tout à fait dégagé des liens de la terre...
Les illusions, quels trésors !

Vous étiez heureux, et vous ne songez point à vous en cacher :

Oui, nous étions heureux, car une vie intense
En nos veines battait, et la jeune espérance
Illuminait notre avenir.
Avoir de longs espoirs, rêver de grandes choses,
Et voir, comme des fleurs, nos facultés écloses
Au grand soleil s'épanouir,
N'est-ce pas être heureux ? N'est-ce pas de la vie
Posséder ce qui fait qu'elle est digne d'envie ?
N'est-ce pas en sentir le prix ?

Ce qui vous séduit et vous captive dans le milieu nouveau que vous habitez, ce sont les manifestations de l'art sous toutes ses formes ; c'est la peinture et la musique, ces deux sœurs de la poésie. Que d'images charmantes éveille en votre esprit un tableau de Raphaël, un paysage de Claude Lorrain! Que d'émotions pour votre âme, en écoutant la *Pastorale* de Beethoven, ou cette divine mélodie de Mozart dont la douceur vous berce en un songe sublime et vous donne la perception de l'infini!

Ces fortes impressions que vous avez reçues pendant votre séjour à Paris ont affermi votre vocation, mais sans vous faire oublier la terre natale, la terre du Limousin. Il semble que, par le contraste, votre amour pour elle soit devenu plus vif. Vous la saluez à votre retour dans une belle page adressée à votre compatriote, M. de Loménie. C'est la nature du Limousin avec ses bois profonds, ses rochers de granit, ses humides vallons pleins d'ombre et de fraîcheur, qui sert de cadre à la plupart de vos poésies. Mais votre admiration pour la nature n'a point la ferveur d'une dévotion : c'est un point de départ pour remonter au Créateur de toutes choses. De là le sentiment religieux qui inspire votre œuvre, et la marque d'une empreinte bien personnelle.

Nulle part, il ne se manifeste avec plus de charme, et parfois avec plus d'imprévu, que dans les vers où vous chantez l'amour et la famille. Ce n'est pas l'amour avec ses passions et ses orages, ses désirs inassouvis et sa fièvre brûlante, c'est l'amour chaste et tranquille, j'allais dire l'amour prosaïque d'un chrétien. Vous avez réussi à démontrer, et j'en rends grâce à votre Muse, tout ce qu'il y a de poésie dans l'amour conjugal.

En voyant combien votre conviction est profonde, je me persuade aisément que la Muse n'a pas été pour vous une simple vision de l'esprit, mais une douce réalité. Lorsque, tout à l'heure, vous faisiez allusion au charme puissant exercé par l'homme éminent dont Brives-Cazes fut le secrétaire pendant son séjour à Paris, ma pensée se reportait involontairement vers la Muse qui vous a inspiré de si beaux vers. Il me semblait trouver en elle un reflet des qualités séduisantes que son père lui a transmises et qui sont comme un héritage naturel qu'elle a partagé avec cette femme de cœur qui représente si bien, au palais de l'Élysée, la grâce et la charité françaises. Vous ne m'en voudrez pas, j'en suis sûr, de reproduire ici un gracieux portrait de jeune fille, d'une jeune fille de quinze ans, tracé par une main amie, la main de sa grande sœur :

Elle n'est plus enfant,
Pas encor jeune fille,
Son œil limpide brille
Sous un front si charmant
Que chacun la voyant
Dit : Comme elle est gentille !

Ses cheveux blonds au vent,
Sa voix claire et joyeuse
Au loin retentissant,
Elle avance, rieuse,
Et cueille, insoucieuse,
Un brin d'herbe, en passant.

Encore à peine éclose,
Cette timide fleur,
Dont la pure fraîcheur
Est si divine chose,
C'est la petite sœur,
Notre bouton de rose.

Telle était la Muse qui devait vous faire connaître les joies de la famille et du foyer domestique, et à qui vous avez adressé ces strophes gravées au frontispice de vos *Jours d'été* :

Si quelque fleur de poésie
Est éclose sur mon chemin,
C'est pour toi que je l'ai choisie
Et mise en ta petite main.

Et si je suis resté fidèle
A l'amour de la vérité,
C'est que tu m'as enseigné d'elle
La divine suavité...

Plus haut que la terre où nous sommes,
Plus loin que ce monde d'un jour,
Ta foi m'a fait voir, loin des hommes,
Le lieu de l'immortel amour.

Tu m'as mis au cœur l'étincelle
D'où jaillit l'invincible espoir
Qui sent grandir l'aube éternelle
Par delà les ombres du soir !

En lisant ces vers d'une douceur si pénétrante, on ne peut s'empêcher de reconnaître avec le Secrétaire perpétuel de l'Académie française que vous êtes un poète heureux, et qui l'avoue. Aussi êtes-vous, par tempérament, l'ennemi naturel des changements qui viennent troubler votre goût pour le calme et la solitude, l'ennemi de toutes les doctrines qui tendent à voiler l'idéal de bonheur que vous avez conçu.

Un poète heureux, c'est chose rare par ce temps de pessimisme. Ce qui est plus rare encore, c'est de trouver dans le poète un homme d'action. Un critique célèbre a soutenu récemment cette thèse, qui semble quelque peu paradoxale, que le pessimisme est le principe même de la véritable activité (1). La négation du vouloir-vivre, qui est le fond de la morale du pessimisme, développerait en l'homme tout ce qu'il y a de ressorts et d'énergie pour l'action. Vous avez pris à tâche de prouver par votre exemple que l'optimisme n'a pas pour résultat de nous désintéresser des misères sociales qui nous entourent, et vous avez fait cette démonstration de deux manières : dans les études littéraires récompensées aux Jeux Floraux et par la création du Groupe Bordelais des Unions de la Paix sociale.

Le rapporteur de vos titres devant l'Académie (2), un poète lui aussi, et un esprit des plus fins, nous disait : « En M. Gaston David le prosateur est presque toujours débordé par le poète. » J'ajoute qu'on retrouve dans le prosateur les saines et vivifiantes doctrines qui ont inspiré le poète. En face des théories qui tendent à tout expliquer par la fatalité et à supprimer le libre arbitre, vous affirmez que le bon usage de la liberté morale, l'accomplissement du devoir, est pour l'homme la loi nécessaire du bonheur.

Je crois, pour ma part, que les idées que vous avez combattues ne sont pas si répandues dans la jeunesse contemporaine que le prétendent certains romanciers. Le mot de devoir éveille encore en sa pensée un sentiment dont elle comprend la grandeur. Il y a quelques jours, dans une réunion organisée par l'Association des Étudiants de Bordeaux, pour fêter l'arrivée, ou plutôt le retour parmi nous du nouveau chef de notre corps universitaire (3), plu-

(1) Brunetière, *Revue des Deux-Mondes*, 1er novembre 1890.
(2) M. l'abbé Ferrand.
(3) M. Couat, ancien doyen de la Faculté des lettres et adjoint au Maire de Bordeaux, aujourd'hui recteur de l'Académie.

sieurs allocutions ont été prononcées. Savez-vous quels sont les deux passages qui ont été le plus applaudis? Celui où M. le Général en chef rendait hommage au patriotisme clairvoyant des élèves de nos Facultés, et celui où M. le Recteur leur donnait pour mot de ralliement : « la Science du devoir! » Soyons donc justes envers la jeunesse : elle vaut mieux que sa réputation.

C'est aussi, je le sais, votre conviction, et c'est pour cela que vous l'avez conviée à venir étudier à l'école de Le Play les lois de l'organisation sociale. Ce nouvel aspect de votre œuvre ne pouvait être indifférent à une Académie qui s'honore d'avoir compté parmi ses membres l'auteur de l'*Esprit des Lois*. Vous voulez développer dans notre région le goût d'une étude que l'Académie de Bordeaux a été la première à encourager. Alors que la haute valeur du livre de Montesquieu était contestée, notre Académie en faisait lire les trois premiers chapitres dans la séance publique du 25 août 1753, et, suivant l'expression d'un de mes prédécesseurs, Billaudel, « elle devançait le jugement de la postérité en couvrant de ses applaudissements le code de la raison et de l'humanité (1). »

Je suis heureux de rappeler ce souvenir, glorieux pour notre Compagnie, en ce moment où la famille de notre illustre compatriote vient de décider la publication de ses œuvres inédites, et en particulier des dissertations et mémoires lus devant notre Académie. Par une attention délicate, dont je tiens à la remercier publiquement, elle a voulu que le premier exemplaire sorti des presses fût pour cette Académie

(1) Séance publique du 5 juin 1828

qui a assisté, pour ainsi dire, jour par jour, à l'élaboration de l'*Esprit des Lois*.

Si les idées de Montesquieu eurent peu de succès auprès de ses contemporains, elles ont été reprises de nos jours, et notamment depuis le milieu de ce siècle. Ce que Montesquieu a plus d'une fois deviné par une intuition de génie, la science moderne cherche à l'établir sur des bases solides. Des enquêtes ont été ouvertes sur l'état présent et passé de la civilisation des divers peuples du globe. A mesure que les informations parviennent plus complètes et plus précises, nous cherchons à dégager les lois de leur développement, les causes de leur grandeur ou de leur décadence, de leur prospérité ou de leur ruine, afin d'en tirer un enseignement pour faire progresser notre état social.

C'est à cette œuvre que Le Play a consacré sa vie. Au témoignage de Sainte-Beuve, son livre sur *les Ouvriers européens* aurait dû servir de préface à l'*Esprit des Lois*. Avec ses monographies de familles, Le Play aurait fourni à Montesquieu l'appui d'une série d'observations bien conduites, qui lui auraient permis de déterminer les conditions nécessaires pour améliorer la situation morale et matérielle des populations ouvrières.

Vous avez entrepris, Monsieur, de continuer parmi nous les travaux et les recherches de Le Play en vous inspirant de sa méthode et de son programme. Avec toutes les délicatesses d'une âme poétique, avec la foi d'un apôtre, vous avez su grouper autour de vous un nombre tous les jours croissant de nos concitoyens qui, sans distinction d'opinions politiques ou religieuses, se sont associés pour former la section bordelaise des *Unions de la paix sociale*. Le but pratique de ces unions est d'encourager l'observation de la loi morale et la stabilité de la famille, d'améliorer les rapports des patrons et des ouvriers, d'assurer aux travailleurs un jour de repos par semaine.

Vous avez avec raison attaché une importance toute particulière au dernier point de ce programme, et vous avez fondé, il y a quelques mois, le comité bordelais de la *Ligue populaire pour le repos du dimanche*. Grâce à vos efforts et à ceux de vos collaborateurs, parmi lesquels je vois figurer plusieurs membres de la Municipalité, vous avez obtenu gain de cause pour une catégorie nombreuse d'employés de commerce. Je ne doute pas que la courageuse et intelligente initiative des chefs de plusieurs grandes maisons de notre ville ne trouve bientôt des imitateurs. Ils auront à cœur de prouver qu'ils entendent contribuer au bien-être moral non moins qu'au bien-être physique de leurs employés en leur donnant le moyen de vivre, un jour par semaine, de la vie de famille; ils auront par là même augmenté les forces vives de la patrie.

Ces sentiments, Monsieur, ont toujours été les vôtres. Vous les avez exprimés par ces deux vers de l'anthologie grecque, qui servent d'épigraphe à votre premier volume : « La maison et la patrie sont la grâce de la vie ; tous autres soins pour les mortels, ce n'est pas vivre, c'est souffrir. » Ce qui constitue l'unité de votre œuvre comme poète, moraliste, homme d'action, c'est la poursuite du bonheur et de la paix sociale. Ce qui en fait le mérite à mes yeux, c'est que, par la plume ou par la parole, vous nous faites aimer la maison en nous la présentant comme le foyer de la famille et le centre naturel des affections dont elle est le symbole. Vous nous faites aimer nos semblables, en nous les montrant meilleurs qu'on ne le croit. Vous nous faites aimer la patrie avec ses glorieux souvenirs et ses espérances. Je suis heureux qu'il m'ait été donné de vous en remercier, en vous souhaitant ici la bienvenue.

REMERCIEMENT

PRONONCÉ

Par M. Gaston DAVID

EN PRENANT SÉANCE

à l'Académie nationale des Sciences, Belles-Lettres et Arts de Bordeaux

Le 20 Mars 1890

MESSIEURS,

Il en est sans doute des remerciements comme des discours : les plus brefs sont les meilleurs. Vous permettrez donc, je l'espère, que je vous exprime très simplement, en toute cordiale sincérité, ma profonde gratitude pour la sympathie qui me vaut, avec vos suffrages, l'honneur d'être des vôtres.

Quels ont pu être mes titres pour obtenir cette précieuse faveur? Je ne le recherche pas, je courrais risque de chercher trop longtemps; j'obéis seulement à l'usage qui me prescrit de rappeler ceux que votre indulgence m'a reconnus.

La Poésie, sous ses formes les plus nobles, poésie lyrique, dramatique, épique, compte déjà parmi vous des représentants du premier mérite; il vous a plu de leur associer la poésie intime. Aux fleurs éclatantes, aux riches épis de votre gerbe poétique, vous avez voulu joindre quelques brins d'humbles bruyères, écloses à l'ombre des chênes et des châtaigniers, dans ces vertes montagnes du Limousin qui forment un si doux abri au foyer de la famille, à ses affections et à ses espérances immortelles. Votre choix s'est porté sur moi; c'est une distinction dont je suis fier.

Fleurs de l'art, fleurs de la nature, fleurs de l'âme, aucune ne naît au hasard. Toutes, selon la belle harmonie des lois de Dieu, doivent aux forces cachées dans leur germe, et aux influences du milieu où elles croissent, la variété des formes, des couleurs, des parfums qu'elles épanouissent au jour. De même la dignité de la vie, la grandeur des actions humaines, la prospérité des États sont dans la dépendance étroite de principes supérieurs, seuls aptes à sauvegarder les droits de l'âme et de l'idéal.

Cette pensée dominante qui inspira mes poésies, je l'ai reprise et développée dans une série d'études littéraires et philosophiques également appréciées par vous. En discutant les objections du scepticisme et du pessimisme, j'ai essayé de ressaisir, à travers l'ombre changeante des erreurs à la mode, les traces lumineuses des vérités éternelles, et d'opposer, suivant le vœu de Joubert, aux idées faussement libérales et dangereusement sceptiques du siècle les idées morales de tous les temps.

Il ne suffit pas que ces idées règnent dans l'Art et la Philosophie, il faut encore qu'elles dominent la société, y maintiennent l'ordre, y fassent fleurir les vertus publiques et privées, pour que la civilisation puisse mûrir les fruits du bonheur et de la paix. Voilà ce qu'a démontré, par l'irrésistible puissance de l'observation et de la logique déduite des faits, un des esprits les plus clairvoyants et les plus vigoureux de notre époque, le maître vénéré dont je voudrais être un disciple moins inhabile, l'illustre Frédéric Le Play.

C'est le juste orgueil de votre Compagnie, Messieurs, de conserver avec un soin jaloux le grand souvenir de Montesquieu, qui fut longtemps son président et prit une part active à ses travaux. Or, au témoignage de Sainte-Beuve, l'admirable monument élevé, il y a un siècle et demi, à l'*Esprit des lois*, par l'intuition du génie, aurait dû avoir pour préface cet autre chef-d'œuvre, les *Ouvriers européens,* monument de la science sur les principes de la vie ou de la mort des sociétés. Le Play eût fourni à Montesquieu l'inébranlable appui d'une méthode scientifique rigoureuse et précise pour déterminer avec certitude les causes de la grandeur et de la décadence des peuples.

Je n'ai qu'à me féliciter, Messieurs, sans en être surpris, que, fidèles à vos traditions, vous ne soyez point restés indifférents aux efforts récemment tentés par moi, avec l'aide de quelques amis, pour diriger les esprits éclairés de notre ville vers l'étude des réformes sociales et leur solution pratique d'après l'expérience, selon le vrai modèle fourni par l'observation comparée des peuples prospères. Grouper dans un même sentiment d'union et de paix les hommes de bonne volonté, n'est-ce pas déjà faire triompher l'un des principes de la constitution essentielle de l'humanité ?

Tel est l'ensemble des travaux que vous récompensez, Messieurs, au delà de ce que je pouvais souhaiter en m'appelant au milieu de vous. La consécration qu'ils reçoivent du crédit et de l'autorité attachés à votre savante Compagnie s'adresse certainement à l'œuvre beaucoup plus qu'à l'ouvrier. Pour ce qui me concerne personnellement, je ne puis m'empêcher de voir mes titres les plus certains dans l'amitié de ceux d'entre vous qui m'ont enhardi à mettre en avant ma candidature et m'ont couvert de leur patronage. C'est sous leurs auspices que je me suis présenté, c'est sur leur caution que vous m'avez admis ; c'est à eux surtout que je dois l'heureuse fortune de prendre place dans vos rangs.

Par une attention délicate, que je ressens comme il convient, vous m'avez réservé le fauteuil qu'occupa si dignement, avec un zèle égal à son mérite, mon ami très cher et très regretté, le docte juriste, l'excellent historien Émile Brives-Cazes. Souffrez que j'en marque ici, d'une manière spéciale, ma vive reconnaissance.

Le choix des deux membres de votre Compagnie qui me servent ce soir d'introducteurs ajoute à mon embarras. Ils sont maîtres l'un et l'autre dans l'art de bien penser et de bien dire. J'ai avec eux communauté de goût littéraire, non pas, hélas ! communauté de talent, et j'ai lieu de craindre que vous ne vous aperceviez à l'usage combien je suis un néophyte peu digne de ses parrains.

On n'est jamais trahi que par les siens : mes amis vous ont donné de moi une opinion qu'il me sera difficile de soutenir. Tout en vous remerciant de m'avoir ouvert les portes hospitalières de l'Académie, je ne me défends pas de songer que l'honneur de vous appartenir est aussi un péril dont aujourd'hui je comprends mieux l'étendue.

Mais peut-être, dans la vie académique comme ailleurs, est-ce seulement le premier pas qui coûte. Nous sommes, après tout, d'anciennes connaissances. Je n'ai pas oublié le jour où vous couronniez mes premières poésies, à l'heure même où l'Académie française leur souriait, et avant que l'Académie des Jeux Floraux m'eût permis de cueillir dans la corbeille de Clémence Isaure quelques-unes de ses fleurs d'or.

Quinze années ont passé depuis ce jour : *grande mortalis ævi spatium!* J'ai vieilli, et l'Académie est toujours jeune. Elle possède, comme les fées, le don des prestiges et des enchantements. Est-ce une illusion qu'elle me rend, par la vertu de sa baguette merveilleuse, lorsque je me berce de la pensée que la haute bienveillance de la Compagnie qui encouragea mes débuts ne m'abandonnera pas dans l'avenir, maintenant que vous m'avez élevé jusqu'à vous?

Votre aimable accueil me rassure. Et puisque je n'ai pas encore passé l'âge où l'on cesse d'apprendre, c'est avec confiance que, pour m'instruire à votre école, je franchis le seuil de cette maison de Montesquieu, dont les Lettres, les Sciences et les Arts sont, grâce à vous, les hôtes fidèles et les impérissables gardiens.

RÉPONSE DE M. LE DOCTEUR BERCHON

PRÉSIDENT DE L'ACADÉMIE

Je ne veux point dissimuler, Monsieur, l'embarras que j'éprouve à répondre à votre discours. Je ne suis pas poète et j'ai renoncé, depuis trop longtemps peut-être, à l'étude de l'économie sociale, par suite des désillusions qui succédèrent en moi, il y a déjà bien des années, à une passion violente, comme toutes celles de la jeunesse, pour le phalanstère et les idées de Victor Considérant.

Mais vos poésies, que le rapporteur de vos titres, M. l'abbé Ferrand, nous a fait apprécier à leur grande valeur, exercent bien vite une séduction toute particulière, et j'ai subi promptement le charme qui assurait à votre candidature un accueil certain parmi nous.

Quand les attaques se multiplient dans les livres, dans les conférences, dans l'enseignement et même dans les lois contre l'une des plus belles, des plus divines institutions de la société, la famille, vous aimez à faire ressortir les joies qui prennent précisément leur source intarissable dans le cercle de la maison et de la patrie, qui n'est que la famille agrandie, dans les sentiments du fils, de l'époux, du père et de l'ami.

Quand la littérature, certainement à la mode, semble n'avoir pour idéal que la description des plus grandes et des plus vulgaires misères humaines, sous prétexte de peinture réaliste et documentaire des incidents de la lutte pour l'existence proclamés la seule loi de l'humanité, vous combattez hardiment ces tendances malsaines; vous le faites dans un beau langage que peut seule dicter une âme qui croit à des destinées plus hautes, et votre œuvre devient alors plus qu'une satisfaction intime, c'est un enseignement, un encouragement vers le bien et une affirmation qui ne fut jamais plus utile que de notre temps.

Vous allez plus loin et vous vous êtes préoccupé de la grande question qui a si souvent divisé les esprits : celle des droits respectifs des membres de toute société humaine, et, suivant l'exemple de l'un des maîtres les plus respectés des sciences sociales, Le Play, vous avez aussi résolument abordé l'étude des idées qui ne paraissaient passionner que les esprits, il y a quarante ans, puisque nous avions pour drapeau la démocratie pacifique, mais qui se sont présentées depuis sous des formes de plus en plus redoutables et certainement dangereuses pour la société tout entière.

Résister à ces tendances, essayer d'enrayer leurs conséquences fatales, montrer ce qu'elles ont de juste et de salutaire, est un véritable apostolat qui vous a tenté et qui préoccupe, en ce moment même, ceux qui ont en mains la force et qui veulent s'essayer aussi à tracer les limites du droit des masses qu'ils croyaient avoir largement satisfaites en leur apprenant, mais à leur profit, jusqu'aux abus de la puissance.

C'est une tâche difficile, Monsieur, et nous serons particulièrement heureux de vous entendre nous initier aux propositions que vous défendez avec autant d'énergie que de talent.

Nous vous connaissions déjà, puisque nous avions reçu et

couronné quelques-uns de vos premiers travaux. Vous nous êtes revenu chargé de récompenses méritées des Académies provinciales les plus renommées comme de celles de Paris, et nous vous avons revu avec joie, parce que notre Compagnie a donné bien des preuves, depuis près de deux cents ans, de son ardent désir de s'associer tous ceux qui se consacrent aux progrès de toutes les sciences comme au développement de la littérature et des arts.

Elle aime aussi les poètes; elle en compte qui ont fait leurs preuves, et le rapport dont je parlais tout à l'heure tenait attentifs ici tous vos émules. Votre rapporteur, maître en l'art de bien dire, vous louait sans réserve. La cause qu'il plaidait était aisément gagnée, et vous êtes désormais l'un des nôtres.

Soyez donc le bienvenu. Réservez-nous quelques perles de vos riches écrins. Ne craignez pas de nous parler aussi de vos plans d'organisation sociale. Ils touchent de trop près aujourd'hui nos intérêts pour que nous puissions omettre de les écouter avec attention.

Nous avons d'ailleurs, sous ce rapport et dans nos archives, des richesses que mon prédécesseur, M. Labat, a su mettre en plein relief; et nous avons aussi, parmi nos membres les plus anciens, le plus illustre de tous, le grand esprit qui a élevé à la science sociale l'un de ses principaux monuments : l'*Esprit des Lois*.

Montesquieu aimait passionnément notre Académie, et s'il nous reste un reflet de sa gloire, c'est un devoir pour nous de montrer que nous aimons à compter parmi nous, en souvenir de lui, des adeptes de la science dont il a été l'un des précurseurs.

ÉLOGE DE CLÉMENCE ISAURE

LA FÊTE DES FLEURS

FABLIAU

ÉLOGE DE CLÉMENCE ISAURE

LA FÊTE DES FLEURS

FABLIAU

Lu en séance publique de l'Académie des Jeux Floraux à Toulouse le 7 mai 1889

Par M. Gaston DAVID

MAITRE ÈS JEUX FLORAUX

On dit, et je redis l'histoire
Sans nullement la garantir,
Vous pouvez ou douter ou croire,
Qui vient de loin a beau mentir,
Est-ce un conte? Je le soupçonne,
On dit qu'un jour, tout près d'ici,
Sur les bords de notre Garonne,
Au temps jadis advint ceci.

Alors vivait Clémence Isaure,
Dame belle et plaisante à voir,
Sœur de Béatrix et de Laure,
Très éprise du Gai Savoir.
Elle était bonne autant que belle,
Pleine d'honneur, de piété,
Et la poésie autour d'elle
Fleurissait comme un jour d'été.

Il arriva qu'à sa fenêtre
Accoudée un soir de printemps,
Elle vit soudain apparaître
Un jeune homme aux cheveux flottants.
S'accompagnant de sa viole,
Comme on faisait en Cour d'Amour,
Voici, parole pour parole,
Ce que chantait ce troubadour :

***

« Au sein de nos froides campagnes,
Dans les vallons de nos montagnes
Que glace le vent de l'hiver,
Sitôt qu'une plus tiède haleine,
Devançant la saison prochaine,
D'un vol léger glisse dans l'air ;

Au bord des sources épanchées,
Perçant mousse et feuilles séchées,
Dans un repli mieux abrité,
On voit soudain, fleur bleue ou blanche,
La pâquerette ou la pervenche,
Sourire en sa fragilité.

Cette fleur qui naît la première,
En entr'ouvrant à la lumière
Sa coupe d'azur ou d'argent,
Brille pure, frêle et touchante,
Car elle ignore, l'imprudente,
Comme en Mars le ciel est changeant.

Dans le cristal de la fontaine
Elle reflète un jour à peine
Son beau calice diapré ;
Et voici que l'âpre gelée
Mord sa tige, et la tord, brûlée,
Sur la froide couche du pré...

En te voyant ainsi meurtrie
Et gîsant sur l'herbe flétrie,
Dès ta naissance, pour toujours,
Petite fleur, on te croit morte.
Mais vienne Mai qui nous apporte
Un ciel plus sûr, de plus beaux jours;

Aussitôt fêtant leurs visites,
Petite fleur, tu ressuscites,
Et tu t'épanouis encor,
Dès l'éveil de l'aube charmée,
Fraîche, riante et parfumée,
Dans l'air pur et les rayons d'or.

C'est que ta vivace racine,
Par la prévoyance divine,
N'a rien à craindre des frimas,
Et le sein fécond de la terre
Te garde un abri tutélaire
De la rigueur de nos climats.

Telles ces fleurs de poésie,
Que ma naïve fantaisie
Sème au hasard sur mon chemin,
Ont eu du ciel qui les inspire
A peine un fugitif sourire,
Une aurore sans lendemain.

Et près d'elles, toute courante,
La foule passe, indifférente,
Les croyant mortes désormais.
Moi, j'attends les saisons nouvelles
Qui sous le ciel, fraîches et belles,
Les verront revivre à jamais.

Souvenirs des jeunes années,
En mon printemps fleurs moissonnées,
C'est mon âme qui vit en vous.

L'âme de l'homme est immortelle,
Et vous refleurirez comme elle,
Souvenirs si chers et si doux! »

***

L'air était pur, la nuit sereine,
Les étoiles brillaient aux cieux,
Les vents, dont la légère haleine
Berçait les bois mélodieux
Et frémissait dans le feuillage
En rapide chuchotement,
Faisaient au chanteur de passage
Un furtif accompagnement.

Quand de la voix émue et tendre
Se tut la lointaine chanson,
Isaure, qui pour mieux l'entendre
S'était penchée à son balcon,
Dans l'ombre pleine de mystère
N'aperçut plus le doux chanteur,
Mais sur la place solitaire
Rayonnait un parterre en fleur.

Aux pâles clartés de la lune
Ces fleurs brillaient comme un trésor,
Car c'était, étrange fortune,
Des fleurs d'argent et des fleurs d'or.
Et le chanteur, dit la légende,
Qui, pour Isaure, avait du ciel
Apporté cette riche offrande,
Était l'archange Gabriel.

De cette nuit mystérieuse
Pour consacrer le souvenir,
Pour que la moisson préc'euse
Fleurît toujours dans l'avenir,
Isaure a voulu que Toulouse,

Chaque année, au doux renouveau,
De la gloire des vers jalouse,
Couronne un poète nouveau.

Toulouse, sous ton ciel qui brille,
Sous ton soleil clair et joyeux,
Qui met à chaque jeune fille
La flamme au cœur, l'éclair aux yeux,
Le jardin merveilleux d'Isaure
Depuis ce temps fleurit encor :
Chaque mois de Mai voit éclore
Ses floraisons d'argent et d'or.

Tout poète aimant et sincère
Qui met son âme dans ses chants,
Dès sa jeunesse passagère,
Peut venir moissonner tes champs.
A pleines mains dans tes corbeilles,
Chantant Dieu, le printemps, l'amour,
Les fleurs blanches, les fleurs vermeilles,
Il peut les cueillir à son tour.

Au mois où les jasmins fleurissent,
Où l'églantine embaume l'air,
Où les lis blancs s'épanouissent
Sous la neige du buisson vert,
La poésie, à tire d'aile,
Jetant aux échos sa chanson,
Vole vers Toulouse la belle
De tous les points de l'horizon.

*
* *

Fils de Corneille et de Racine,
De Musset et de Lamartine,
Venez, cœur aimable et chantant :
En son beau verger qui s'étend

De la Daurade au Capitole,
Attentive à votre parole,
Sous le Mai de fleurs éclatant,
Clémence Isaure vous attend.
Venez, vous qui parlez encore
Cette noble langue sonore,
Ce fier parler national
De Hugo, Coppée ou Mistral [1],
Ce langage des dieux aux douceurs souveraines,
« Le plus beau qui soit né sur des lèvres humaines. »
Vous savez ciseler ballades et rondeau,
Sur les yeux de l'amour attacher le bandeau
Dans un couplet joyeux comme le chant d'un merle,
Dans l'or pur d'un sonnet sertir comme une perle
Une larme, un sourire, ou l'éclair d'un regard.
Révélez au grand jour les secrets de votre art :
Sans honte et sans repos, du soir jusqu'à l'aurore,
Sur l'enclume d'airain forgez le vers sonore,
Et donnez-lui le rythme et le balancement
Du flot chantant des mers soulevé mollement.
Faites, au sein des bois, dans un vallon tranquille,
Soupirer l'élégie et roucouler l'idylle,
Ou bien, prenant l'essor, éloignez-vous du sol
Sur les ailes de feu de l'ode au large vol.
Puis en flèche acérée aiguisez l'épigramme.
Mêlez le ris comique aux longs sanglots du drame.
Refrains de guerre, hymnes d'amour,
Vous que Dieu fit naître poète,
Chantez, trouvère ou troubadour.
Sonne, clairon ! Réponds, musette !
Quand Isaure appelle sa Cour,
Bouvreuil, rossignol ou fauvette,
Alternez vos chants tour à tour.

***

Auprès de vous tout rit et chante,
Tout vous invite et vous enchante,

(1) Tous les trois Maîtres ès Jeux Floraux.

Merlin, je crois, est dans les airs :
La forêt de Brocéliande
Ouvre devant vous, toute grande,
Sa voûte sombre aux sentiers verts.

Le vent frémit, l'onde murmure,
Tout s'anime dans la nature
Et mêle sa voix à vos voix.
Les rythmes essayent leurs ailes,
Les strophes s'appellent entre elles
Comme les ramiers dans les bois.

La rime, abeille passagère,
Bourdonnante, ailée et légère,
Va voltigeant de fleur en fleur,
Et la stance, vive glaneuse,
Fait sa gerbe, ou, leste plongeuse,
Va puiser le miel le meilleur.

Une image vient et vous tente,
Courant alerte et souriante
Devant vous le long du chemin :
Une autre joignant la première,
Comme des sœurs, dans la lumière,
Elles se tiennent par la main.

Comme un collier qui se déroule,
Bientôt elles viennent en foule
Tournoyant toutes à la fois ;
Elles courent, elles se pressent,
Elles se haussent ou se baissent,
Comme un peuple acclamant ses Rois.

De toutes parts elles s'envolent,
Se réunissent ou s'isolent,
Dans l'azur infini des cieux,
Comme d'agiles hirondelles
A la voix claire, aux vives ailes,
Fuyant en cercle sous vos yeux.

Pour enfermer dans la volière
Toute la troupe familière,
Prenez la voix de l'oiselier,
Ou, comme l'actif lapidaire,
Ou la rapide bayadère,
Grain par grain formez le collier.

*
* *

Chanteurs des champs et de la ville,
Venez, le luth de fleurs orné;
Carmen Sylva, de Blocqueville (1)
Portent le sceptre enrubanné;
Pléiade élégante et subtile,
Commencez le chant alterné,
Comme les bergers de Virgile.
Et soit que vous chantiez, en vos doux passe-temps,
La pâleur de l'hiver, la grâce du printemps,
Ou l'éclat de l'été qui rayonne sans voiles,
Et l'attente dans l'ombre à l'heure des étoiles,
Et l'espoir qui nous berce en rêves décevants,
Ou de gloire ou d'amour, emportés par les vents,
Et les détours fleuris d'une onde murmurante,
Ou des longs soirs de Mai la brise pénétrante,
Et l'oiseau qui picore aux buissons du chemin,
Ou qui vient, familier, becqueter dans la main;
Toujours devant vos pas nos corolles vermeilles
Distilleront leur miel pour nourrir vos abeilles;
Le frais œillet courra le long de vos sentiers,
Sous l'ombrage odorant de nos blancs églantiers;
Jaillissant à flots purs hors de vos urnes pleines,
Toujours la poésie abreuvera nos plaines;
Les étoiles de Dieu sur vos fronts brilleront,
Et les oiseaux du ciel avec vous chanteront.
C'est ici la terre sacrée,
Par les poètes préférée
Même en notre siècle de fer :
Sous son beau laurier toujours vert,

(1) L'une et l'autre Maitres ès Jeux Floraux.

Au gré de votre fantaisie
Laissez courir la poésie
Et la Muse égarer ses pas.
Mais vos vers, ne l'oubliez pas,
Pour Isaure ont surtout des charmes
Quand leurs sourires ou leurs larmes
Font d'un talent preux et féal
Le chevalier de l'idéal.

***

Comme une vierge sans parure,
Séduisante par sa candeur,
Sourit, heureuse, simple et pure,
Sous le voile de la pudeur,
Ici de bannir la chimère
La poésie a fait le vœu :
Elle aime, chante, prie, espère,
Console, ainsi que Dieu le veut.

Comme l'alouette ou l'abeille
Dans l'azur lumineux du ciel
S'envole, dès que l'aube éveille
Sa chanson ou dore son miel,
A la Cour de Clémence Isaure,
Reine de notre Languedoc,
La poésie est dès l'aurore
Armée en guerre et prête au choc.

O vous les tenants de l'idée,
Vous qui portez vos cœurs en haut,
Dont l'âme ardente est possédée
De l'amour du bien et du beau,
Accourez, troupe confiante,
Pénétrez, palpitants d'espoir,
Dans Toulouse reconnaissante
En fête pour vous recevoir.

Lorsqu'en nos joutes poétiques
Le gant par Isaure est jeté,

Relevez, paladins antiques,
Ce gage entre tous disputé.
La vaillance est l'unique titre
Qui près d'Isaure donne accès,
Et le talent le seul arbitre
Qui va décider du succès.

Que le décadent ou l'athée
Prône sa doctrine de mort,
Mais vous, marchez comme Tyrtée,
Pour faire un peuple libre et fort,
Jetant la semence féconde
D'où les revanches germeront,
Lorsque de nouveau sur le monde
Les vertus du Christ régneront.

Aux Jeux Floraux, jeunes poètes,
Venez de la plaine et des monts :
D'amarantes, de violettes,
Toulouse veut orner vos fronts.
Gloires naissantes de la France,
Étoiles si douces à voir,
Vous brillez comme l'espérance
Du matin sous l'ombre du soir.

O Toulouse! sois toujours fière
Des hôtes accourus vers toi :
La poésie est la lumière
Éveillant l'honneur et la foi.
La moisson que ton ciel colore
Est digne du sacré vallon,
Et les fleurs de Clémence Isaure
Sont sœurs du laurier d'Apollon.

Bordeaux. — Imprimerie G. Gounouilhou, rue Guiraude, 11.

www.ingramcontent.com/pod-product-compliance
Ingram Content Group UK Ltd.
Pitfield, Milton Keynes, MK11 3LW, UK
UKHW020343180726
13839UKWH00002B/889